밀포드 트랙, 이끼류 식물이 가득한 원시의 숲은 포근하다.

엘리엇 산, 벌룬 산, 하트 산을 끼고 있는 아써밸리. 산정 빙하못이 내려다보인다.

∧ 아오라기 마운트 쿡으로 오르는 중에 따오르는 해를 맞았다.

밀포드 트랙의 종착지 샌드플라이 포인트. 쉽게 떠나올 수 없었던 곳이다.

리셋 원정대의 뉴질랜드 트레킹

숲에서 다시 시작하다

박재희 지음

꿈의지도

prologue.

_인생도 리셋이 되나요?

　무언가 잘못 되어간다고 느꼈을 때, 세상이 정한 방향을 따라 더는 가고 싶지 않으면서도 길은 보이지 않던 그 무렵. 뉴질랜드 친구가 사진 한 장을 보내왔다. 실제로 존재하는 곳이라고 믿기 힘들 만큼 아름다운 곳이었다. 뒤틀고 끙끙거린 지 오래면서도 어쩌지 못하던 병증을 끝내야 할 타이밍이었다.

　"사람한테도 리셋 키가 필요해!"
　"컴퓨터는 키 몇 개만 누르면 되잖아. 새로고침, 초기화, 복원 뭐 이런 거 말야."

"그러고 보면 사람이 하느님보다 훨씬 자비롭다니까. 우린 컴퓨터를 창조하면서 얼마든지 다시 시작할 기회를 줬잖아."

그 무렵 우리는 각기 다른 이유로 리셋Reset이라는 화두를 끙끙 앓고 있었다. 누구는 아픈 연애 후 새로운 인연을 만난 참이었고, 이직과 전직의 갈림길에서 코끼리코 돌기를 반복하며 휘청이던 이도 있었으며, 흡혈마귀 같다는 회사를 박차고 나온 친구는 속 시원하다면서도 깊은 한숨을 쉬곤 했다. 나로 말하면 명랑만화 캐릭터 가면을 쓴 채로 좀비가 되어간다고 느끼던 중이었다.

근무 중 땡땡이치는 것으로 해결될 일이 아니었다. 주말의 시체놀이로도 피곤은 가시질 않았다. 친구와 번개 술 한 잔도 별 소용이 없었다. 만성 알러지처럼 친근하기까지 했던 불안증의 수위가 점점 높아져 열병이 되고 있었다.

"지구상에서 가장 아름다운 산길이래요. 밀포드 트랙."

빙하호수에 산이 완벽하게 비치는 사진이었다. 눈이 덮인 산 아래는 따뜻한 풀과 꽃들의 키가 컸다. 이름도 거창한 일명 남반구원정 프로젝트는 뉴질랜드의 스텔라가 보낸 사진 한 장으로 시작되었다. 세상에 진짜 있다고 믿기 어려울 만큼 신비한 산길. 어린 시절 닳도록 읽었던 책 『정글북』을 써서 노벨상을 받은 키플링 할아버지가 '세계의 불가사의 중

하나'라고 불렀다는 길이다. 한 번 걷기 시작하면 중간에 되돌아 나올 수 없는 길이라고도 했다. '퇴로가 없는 길이라니!' 뭔가 강력한 메시지를 전하고 있었다. 원래 끌어다 붙이기 시작하면 모두 상징이 되고 의미가 있다고 느껴지는 법이다. 죽기 전에 한 번은 가야 할 길이(대체 이런 건 누가 정하는 건지 모르겠다고 매번 불평하는 쪽이지만 왠지 그때는 거부할 수 없었다!) 떡하니 내 앞에 나타났다.

뉴질랜드의 마오리 신은 명령하고 있었다. 당장 피오르드 랜드로 와서 신내림을 받으라고. 열이 끓고 시름시름 앓고 오한과 발열을 거듭하던 나는 어쩔 수 없었다. 뉴질랜드의 서남쪽 끝 피오르드 랜드에 가기로 결심했다.

간절했던 리셋 키를 찾을 수 있을지, 과연 제자리 찾기가 가능할지, 왜 하필 밀포드까지 가야 하는지 아무것도 확실하진 않았지만 순식간에 정해졌다. 문득 피오르드 랜드에서 불어온 빙하바람이 뺨을 스치더니 '도저히 알 수 없는 보이지 않는 힘이 나를 이끌었다'라고 하면 새빨간 거짓말이고 갑작스레 사랑에 빠지듯 그리 되었다. 어떤 상대가 눈앞에 나타나는 순간, 기다려 왔던 이가 누구였는지를 당장 알게 되는 것처럼. 뉴질랜드에서 날아온 한 장의 사진 때문에 남반구로 떠날 운명임을 받아들였다고 해두자. 너무 따지지 말고.

∧ 맥키넌 패스로 가는 길. 캐슬 산 정상의 빙하 웅덩이.

contents.

012 프롤로그
018 인트로

026 컬러풀 여행의 시작 ⌐짐 줄이기
030 번데기 날다 ⌐누에고치 되기
036 마음도 통역이 되나요? ⌐마음 듣기
040 산 넘고 물 건너는 반지원정대 ⌐즐거움
044 유 노 레드 진생? 땀 뻘뻘 검색대 ⌐못 먹을 감, 남 주자
050 퀸스타운, 무위의 베이스 캠프 ⌐아무것도 하지 않을 자유
056 인류애와 지구평화 그리고 맛 맛 맛 ⌐먹기 예찬
062 뻔뻔한 몸무게, 공포의 번지점프 ⌐도전
068 헬기녀, 오나가나 쥐가 문제다 ⌐트라우마
072 양과 나눠 쓰는 땅 ⌐공존
076 죽기 전에 걸어야 할 곳, 밀포드 ⌐목적지
082 피톤치드 방향제 백만 통 ⌐처음처럼
086 흡혈곤충 샌드플라이 ⌐준비
092 퇴치제를 든 대천사 미카엘 ⌐천사는 있다
102 민타로 호수 ⌐순간에 머물라
108 태초 이래 시간이 멈춘 곳 ⌐우주 체험

114	몸에 새긴 캐러멜의 기억	¯몸
120	나로 살자, 무엇이 되기 위해 살지 말고	¯나
124	I walk you, 나는 당신을 걷습니다	¯걷다
130	여름 성탄절, 디오니소주 마시며	¯축배
134	밀포드 마지막 날	¯끝까지 간다
142	신의 마법도끼로 깎은 곳, 밀포드 사운드	¯이름
146	목욕이라는 이름의 문명으로	¯일상
152	테아나우에서 한 달만 살 수 있다면	¯회복
158	반지의 제왕 나무정령이 사는 숲	¯내 손잡기
164	매킨지 호수, 일어나지 않은 일	¯안경
170	친구가 된다는 것, 어른으로 산다는 것	¯성장
176	빙하가 만든 지금 이 순간, 키 써밋	¯기억
182	낯선 매혹, 푸카키 호수	¯감격
188	결정적 순간, 행복의 정복	¯오늘
192	구름 신이 사는 아오라키, 지구가 아닌 다른 행성	¯친구
200	빨간 헬멧을 쓴 남자와 탈주하는 소	¯만남
206	주문을 외워, 언젠가 영화는 현실이 될 거야	¯마법 주문
212	샴페인 대신 얼차려, 미세스 크롬웰	¯품위
218	여행을 끝낸다는 것	¯용기

222	에필로그

intro.

_리셋 반지원정대

"뉴질랜드는 하루를 제일 먼저 시작하는 나라야."
"맞아. 이건 우리한테 새롭게 시작하라는 뜻이라구."
"반지원정대가 절대반지를 찾아 떠난 곳이잖아. 아주 딱이야!"

    지구에 보호해야 할 환경이 어디 여기뿐이겠냐마는 밀포드는 세계 인류유산으로 지정된 청정자연 보존지역이다. 캠핑은 아예 불가능하다. 중간 퇴로가 없는 길을 걷기 위해서는 트랙 내 오두막의 최대 수용인원 40명에 들어야 한다.

'오, 이런…. 하루 40명에게만 허락된 길이라니!'

세계 트레킹족들이 뽑는 '죽기 전에 반드시 어쩌고저쩌고' 버킷리스트에서 밀포드가 언제나 최고로 꼽히는 데는 어쩌면 이런 애태우기 작전이 한몫을 하는지도 모른다. 어디 있는지도 알 수 없었던 열망이 살금살금 얼굴을 보이기 시작했다.

오두막 확보는 온라인 예약만 가능하다. 최소한 6개월 전(성수기는 8개월 전)에 확정해야 한다. 오로지 걷고자 하는 사람들이 예약 사이트가 열리기만을 기다렸다가 광클릭의 속도전에 돌입하므로 눈 깜짝할 사이에 예약은 끝난다. 이것이야말로 조상의 은덕을 확인할 기회다. 선착순 40명. 적어도 조상 3대의 복을 받아야 획득할 수 있다는 오두막 잠자리 얻기 전투인 것이다. 오랜만에 얼굴을 빼꼼히 내민 열망이 드디어 소리쳤다.

"그래 가자. 무조건. 우리 여기 가야 해!"

'언젠가 한번'이라고 습관처럼 말해 왔지만 그날 우린 '언젠가'는 절대로 오지 않는 날이라는 진실을 받아들였다. 인간의 발길을 허락한 지 백 년도 채 되지 않은 원시의 땅, 태초의 길 밀포드와 루트번 그리고 마오리족의 구름 신이 산다는 아오라키 마운트 쿡으로 떠나기로 했다.

달력을 꺼내고 떠날 날짜에 예쁘고 동그란 반지를 그려 넣었다. 리셋

반지원정대. '이름을 지어놓고 보니 무척 잘 어울렸다'라고 말하고 싶지만, 솔직히 생뚱맞고 오글거림이 밀려왔다. 하지만 맘에 쏙 들었다. 그럼 된 거다.

거창하게 남반구원정이라고 했으나 사실 우리는 평소 '삼보 이상 승차'를 부르짖는 탈것 애용자들이자 어눌한 트레킹족이다. '즐기는 산, 즐거운 산'을 부르짖으며 등산보다는 놀멘 놀멘 '즐산'하는 사람들. 어마어마한 산보다 산으로 우길 수 있는 언덕을 선호하던 사람들이 어쩌다보니 이름에 떡하니 그레이트가 붙어 있는 '그레이트 웍스Great Walks' 트레킹을 결정한 것이다. 기껏해야 수다 떨며 도시락 먹는 즐거움으로 산에 오르던 사람들이 말이다. 무작정 원정을 꾸리기로 결심한 즐산 일곱 명을 한번 보시라.

▶▶▶ **브리아나 B** 직장생활 2년차 20대 꽃띠 아가씨

"어차피 내려올 산에 뭐 하러 올라가요?"라던 원정대의 막내. 하늘에서 별 따기라는 대기업 장기 인턴직을 따낸 후에도 사라지지 않는 불안과 방황, 커져가는 자기의심을 떨치고 싶다며 원정에 참여했다.

▶▶▶ **스텔라 S** 초등학교 때 뉴질랜드로 이민

등산과 무관한 실내생활 영위자였으나 한국 방문 중 얼떨결에 태백산행을 경험한다. 즐산이 원정대를 꾸리며 즉각 뉴질랜드 지부장으로 임명되었다. '서른 즈음 증후군'을 극복하겠다는 의지가 충만했다.

▶▶▶ **박팀장 P** 40대의 매력 미혼남

실력파 마케터로 명성은 자자하나 산행 중 길을 잃고 계곡에서 헤매는 징크스가 있다. 문학, 음악, 영화 등 다방면에 조예가 깊은데 연애소질은 꽝이다. 비혼으로 이어질 확률이 높아져 염려 중일 때 배낭을 쌌다.

▶▶▶ **허교수 H** 대학교수. 컴퓨터게임 전공

새로운 용품 성능비교와 체험을 위한 발 빠른 구매력을 자랑하며 즐산의 스타일녀를 추구하나 의외의 헛똑똑이 매력을 담당한다. 긴 다리를 이용한 고속주파 산행능력자인 반면 급격한 체력저하 양상을 보인다.

▶▶▶ **절대간사 J** 포토저널리스트

준비성과 최강정보력을 갖추고 절대간사로 추대되었다. 원정대의 거의 모든 것을 꼼꼼히 챙겨야 하는 숙명을 타고난 듯. 배가 고파도, 추워도, 더워도, 목이 말라도, 다리가 아파도 원정대는 J를 찾는다. 신기한 건 항상 해결이 된다는 것.

▶▶▶ **캡틴 C** 언론인. 원정대의 대장

대한민국에서 손꼽히는 유력 언론인이지만 오합지졸 즐산의 지도자임을 더 중요하게 여기는 짱가캡틴. 평화 시에는 존재감을 보이지 않다가 '어디선가 누군가에 무슨 일이 생기면' 여지없이 나타나 대원을 챙기고 짐꾼 역할을 자처한다. 진짜 리더.

▶▶▶ 나_박재희 산행 속도 늦추기 담당. 정해 놓은 꼴지

몸보다 마음이 앞서고 신체와 의지의 간극이 큰 것이 단점이다. 원정을 대비한 주요 산행마다 크고 작은 사건을 일으켰고 급기야 구조헬기를 타고 하산한 경험을 보유한 즐산의 안전핀이다. 특기: 선동과 선전, 일명 뽐뿌질.

한때 '봉숭아학당'이라는 개그 코너가 유명했다. 같은 주제로 대화를 시작하지만 아무도 말을 듣지 않고 각자 하고 싶은 말만 동시에 시끄럽게 하는 사람들이 나온다. 그들은 말도 안 되는 일로 다투다가 갑자기 의기투합하는 사람들이기도 했다. 그레이트 웍스 트레킹을 떠나 여정을 함께하는 내내 나는 '봉숭아학당'의 말도 안 되는 불협화음족을 떠올렸다. 우리는 20대부터 50대까지 세상에서 보낸 시간의 길이가 다른 사람들이다. 하는 일이 다르고, 숨은 아픔이 다르고, 보이는 생각이 다르고, 견디지 못하는 것과 좋아하는 것도 달랐다. 제자리를 찾아보겠다고 리셋을 향한 걸음을 시작한 우리는 '봉숭아학당'의 친구들처럼 어수선함 속에서 각자 화두를 안고 걸었다.

트랙을 걷는 동안 나는 평생 본 것보다 훨씬 많은 무지개를 만났다. 일곱 빛은 너무나 밝고, 색의 경계는 그려놓은 것처럼 또렷해서 마치 태어나 처음으로 무지개를 보는 것처럼 매번 신기하고 어색할 정도였다. 하나도 덜하거나 더하지 않게 똑같이 선명한 일곱 색은 각자 빛나고 함께 아름다웠다. 100킬로미터가 넘는 길을 두 다리로 걸었고, 비행기로 배로 자동차로 이동한 여정이 꽤나 길었지만, 결국 우리가 걸은 것은 길이 아니라 사람이었다는 것을 여정 끝나갈 즈음에 깨달았다.

트레킹을 마치고 돌아온 후 나는 원정대에 새로운 이름을 붙였다. 우에누쿠 타카타푸이. 뉴질랜드 원주민 마오리어로 '무지개 사람들'이란 뜻이다. 우리의 어눌한 트레킹 기록이 함께하는 여러분에게 무지개 희망과 꿈이 되기를 소망해 본다.

Memo

뉴질랜드 자연보호국 사이트(www.doc.govt.nz)는 트레킹에 필요한 거의 모든 정보를 총망라하고 있다. 트랙별로 짧게는 한 시간 정도면 즐길 수 있는 코스부터 다박 캠핑에 이르기까지 필요한 날씨 정보, 트랙 안내와 온라인 예약까지 말 그대로 원스톱 솔루션을 제공하는 셈이다.

뉴질랜드는 남반구에 속해 있어 우리나라와는 계절이 반대다. 10월말부터 4월까지가 트레킹에 적합한 시기이며 가장 쾌적한 날씨는 12월부터 2월까지다. 가이드와 동행하는 그룹 트레킹을 고려하고 있다면 뉴질랜드 정부로부터 허가받은 여행사(Ultimate Hikes)를 통하여 가능하다. 다만 비용은 매우 높다. 밀포드 트랙의 경우 1인당 2,000뉴질랜드 달러가 넘는다.

뉴질랜드는 온 나라가 청정지역이라고 해도 크게 무리가 없을 만큼 훼손되지 않은 자연환경을 유지하고 있다. 자연의 일부가 되어 야생을 즐기는 진짜 트램핑을 하려는 사람이라면 개별 트레킹을 권하고 싶다.

컬러풀
여행의 시작

∧ RESET KEYWORD
짐 줄이기

"장난해? 이렇게 무거운 짐을 지고 어떻게 걸어?"
"우리 여행가는 거 아니었어? 극기훈련 떠나는 거야?"

출발 열흘 전 우리는 이른바 최종점검을 위해 모였다. 이름부터 '위대함'이 딱 들어 있는 그레이트 웍스로 걷기원정을 떠난다는 것은 휴일에 뒹굴대다가 엉덩이 긁으며 남산을 산책하는 것과는 근본적으로 다르다. 하루 15킬로미터가 넘는 산길을 걸어야 하니 기본 체력도 문제지만 빵 한 조각 살 수 없는 트랙을 걷는 동안 먹고 마실 일용할 양식을 준비해야 한다. 한여름이라도 산 정상은 영하의 날씨인데다 언제 비와 우박이 쏟아질지 모르는 곳이라 비옷, 보온복, 갈아입을 옷도 날짜를 따져 챙겨야 한다.

여행을 떠나는 행위는 난이도가 꽤 높은 또 다른 생활과제를 요구한다. 물론 그것은 꼴도 보기 싫은 부장님의 씰룩거리는 표정을 마주하더라도 억지미소를 짓는 것과는 차원이 다른 과제이긴 하지만. 차근차근 준비하는 다른 친구들과는 달리 난 램프요정 지니를 상상하며 보냈다. 준비를 다 마치고 짠~ '주인님 다녀오십시오!' 이러면 얼마나 좋을까? 그러는 사이 떠날 날이 다가왔다. 벼락치기 버릇을 죽기 전에는 고치기 힘들 거라고 자책하며 부랴부랴 짐을 꾸려 나갔다.

언제나 의견이 분분했던 우리가 그날은 얘기도 시작하기 전에 만장일치로 같은 결론에 도달했다.

"지금 이 상태로는 절대 못 간다!"

20킬로그램이 넘는 배낭은 혼자서 메기도 힘들었다. 가까스로 등에 지고 일어서면, 그 옛날 감히 신들에게 맞짱 떴다가 온 세상을 어깨에 떠받치는 벌을 받았던 아틀라스로 빙의했다. 신들은커녕 바로 위 상사한테도 제대로 맞짱 뜬 적 없는 우리가 이런 벌을 받을 수는 없었다.

리즈 시절에 비해 자그마치 30근이 넘는 비곗덩어리를 온몸에 골고루 은폐시켜 붙여놓은 나. 배낭을 메지 않아도 이미 무거운 사람인 내게는 더더욱 심각한 문제였다.(상상해 보시라. 20리터짜리 수통을 몸통에 붙이고 다시 배낭을 메야 하는 꼴이라니!) 그날부터 우리는 사실상 할 수 있는 모든 일을 했다. 산행 고수들을 찾아가 추천하는 용품으로 다시 사들였다. 식량은 무조건 가볍고 찌꺼기가 생기지 않는 것으로 바꿨다.

"과체중이 위험합니다. 식이조절하세욧!"

수년째 의사에게 이런 협박을 들어도 꿋꿋한 심지로 맛을 포기하지 않았건만 이번에는 별 수 없었다. 트랙을 걷는 동안 이왕이면 맛있는 걸 먹겠다고 마트에 나와 있는 거의 모든 종류의 인스턴트 음식을 시식해 왔건만 그간의 노력은 수포로 돌아갔다. '맛있는 건 무겁고 찌꺼기가 많이 남는다!'라는 냉엄한 현실을 받아들여야만 했다. '맛있는 건 영락없이 살찌는 음식이다'라는 진리만큼 잔인한 발견이었다.

우리가 걷기로 한 트랙에는 쓰레기통이 아예 없다. 아무것도 버릴 수 없으니 휴지, 포장지는 물론 음식찌꺼기까지 가져간 모든 것들은 도로 가져와야 한다. 먹어서 뱃속으로 들어가지 않을 것은 내려올 때까지 고스란히 짐이 된다. 그날 이후 우리가 무게 계산에 동원한 수학적 노력은 달로 우주선을 쏘아 올리기 위한 계산만큼이나 치밀하고 정교했다. 칫솔의 손잡이를 잘라 몽당칫솔로 만들 정도로 무게를 줄이기 위한 노력은 비장하기까지 했다.(체중을 줄이면 많은 것이 해결됐겠지만 아시다시피 그 문제는 사실상 신의 영역이다.) 온갖 수선을 다 떨어봤지만 무게는 그다지 줄

∧ 배낭을 꾸리는 일은 맹세코 로켓 과학에 버금간다.

지 않았다. 가방은 어른들의 앉은키보다 살짝 더 크고 초등학생 조카보다 무거웠다.

여행을 떠난다는 것은 안락함에서 빼낸 자기 자신을 불확실의 세상으로 일부러 던지는 행위다. 누구도 다가올 길에서 꼭 필요한 것, 없어도 좋을 것을 미리 알 수는 없다. 그것이 불가능한 일이었음은 나중에야 깨달았으므로 그날은 완벽한 준비를 마친 터였다.

Memo

짐은 무조건 가볍게! 포장비닐마저 먹어치우고 싶을 만큼 짐은 말 그대로 짐이다. 내게 부족하고 없는 것은 길에서 구할 수 있다. 진짜 문제가 되는 것은 괜한 걱정과 욕심으로 채워 넣은 것들이다. 어차피 완벽한 대비란 불가능하다. 빠지고 부족한 게 있을 거라 각오하는 편이 정신건강에도 좋다.

번데기
날다

∧ RESET KEYWORD
누에고치 되기

"이 가방들은 부치실 수 없어요."

아니 이게 무슨 청천병력? 출발도 하기 전에 마주한 첫 번째 시련이다. 항공사 직원이 우리보다 더 난감해 하고 있었다. 그러고 보니 네모반듯한 캐리어와 달리 등산용 배낭은 애초에 이리저리 걸리고 찢어지기 편리하도록 생겨먹었다. 대형 배낭을 화물로 부칠 때는 전용 덮개가 필요하다는 사실을 그제야 알았다.

이래라저래라 훈수 두던 산행고수들께서 어찌하여 이런 기본은 알려주지 않으셨단 말인가? 에잇~ 원망스러웠지만 어쩌겠나? 공항 바닥에 널브러진 가방을 바라보며 유체이탈만 하고 있을 수는 없었다. 머리에 떠오른 것은 배낭을 감쌀 수 있는 커다란 '비닐 봉다리'. 공항 이곳저곳으로 뛰어다니며 찾아야 했다. 남이 버린 쓰레기도 내게는 소용이 되는 기적! 겨우 찾아낸 양복커버와 비닐로 배낭을 덮어가며 수화물 테이프로 칭칭 감았다. 온몸에 땀. 떠나는 날 일기예보를 하던 섹시한 아나운서는 영하 16도를 기록했다며 엄포를 놓았건만 공항에서 짐 부치기로 초짜 인증식을 치르고 나자, 한바탕 사우나를 한 꼴이 되었다. 진이 쏙 빠져버렸다.

비행기를 탈 수 없다던 우리들의 배낭은 드디어 테이프에 감겨 차례로 수화물 벨트로 옮겨지고 있었다.

"우와~ 저것들 좀 보세요. 완전 거대한 번데기네요!"
"진짜! 진짜! 꼭 누에고치들 같이 생겼네~."

땀을 닦던 박팀장의 말에 허교수가 맞장구를 쳤다.

진짜다. 테이프로 온몸을 칭칭 감은 배낭은 영락없이 거대한 번데기, 누에고치처럼 보였다. 맙소사! 이건 일종의 계시가 아닐까? 떠나는 원정대에게 처음으로 나타난 이미지가 번데기라니.

이쯤에서 고백하자면 내게는 좀 그런 경향이 있다. 지인들의 야박한 표

△ 멀리너 계곡을 지나 클린톤 골짜기로 향하는 반지원정대.

현을 빌면 '여기저기 끌어다 붙이기 대마왕'이고 내 방식으로 말하자면 '우주가 보내주는 힌트를 잘 발견하는 편'이다. 비난과 안티속출을 무릅쓰고 커밍아웃했으니 눈 한번 흘기고 믿어주시라. 난 정말 잘 알아차린다! 그것은 분명 계시 혹은 약속이었다. 우리는 정말 번데기였으니까. 모두가 근질근질한 변태호르몬의 지배를 받으며 나비를 꿈꾸고 있었으니까.

원정대의 막내 브리아나는 2년차 인턴사원, 말하자면 비정규직 직장인이다. 회사생활 2년 만에 학위의 위력을 실감하면서도 다시 공부를 해야 하는지 어떻게든 버텨야 하는지 결정하지 못했다. 서른 살 스텔라는 오래된 친구와 우정을 끝내고 사랑을 시작한 상태다. 여러 번의 헤어짐과 실연을 경험한 후에 얻은 사랑이 마냥 분홍빛만은 아니라던 그녀는 진정한 관계의 시작을 기대하고 있다.

포토저널리스트인 제이는 사표를 내고 자발적 실업자가 되었다. 평생의 업이라고 믿는 작업을 위해 호기롭게 직장을 뛰쳐나왔지만 가끔씩 깊은 한숨을 쉬는 그의 눈썹 위로 불안이 스치곤 했다. 박팀장이 마흔을 넘기며 노총각 소리를 듣기 시작할 때만 해도 그는 넘치는 매력으로 곧 품절남이 될 것임을 믿어 의심치 않았다. 수년째 미혼과 비혼의 경계에서 솔로탈출을 꿈꾸고 있는 그에게 필요한 것도 변화였다.

원정대의 어른들도 다르지 않았다. 끈질긴 스카우트의 유혹을 뿌리치기로 막 결정한 캡틴이나 달콤한 안식년을 마치고 학교로 돌아가야 하는 허교수, 두 번째 스물 다섯이 멀지 않은 때에 새삼스럽게 '나는 누군가, 여기는 어딘가' 질문을 시작한 나까지.

모두 겁이 나고 여전히 머뭇거렸지만 더 미룰 수 없어서 박차고 오른 길이었다. 번데기가 아니면 뭐란 말인가. '새로운 시작'이라는 소망을 안고 떠나는 여정에 나타난 상징이 분명하다고 나는 믿었다.

"우리가 번데기에서 나비가 될 거라는 계시예요!"
"······"
"여행의 상징으로 나타난 것 같지 않아요? 진짜라구요!"
"······"

나는 흥분해서 소리쳤지만 일행들은 예의 그 표정이다. '저 아줌마, 또 시작이구만!'

나비가 될 번데기는 자기 속에서 토해낸 실로 몸을 감는다. 우리도 오래 묵힌 숙제를 꺼내 놓고 번데기가 되어 뚜벅뚜벅 간다. 엉금엉금 거대한 누에고치들의 비행이 시작되고 있었다.

∧ 날기 위해 날개만 필요한 것은 아니다. 꼿꼿하게 세운 꼬리도 절실하다.

Memo

등산용 배낭을 수화물로 부칠 때 쓰는 전용덮개를 구매할 수도 있지만 자주 사용하지 않을 예정이라면 부직포로 만들어진 양복커버가 훌륭한 대용품이 된다. 트레킹에 필요한 물품은 전시된 매장에서 실제로 무게와 사이즈 감촉 등을 가늠해 본 후에 사야 한다. 온라인 쇼핑몰에서 스펙만 보고 구매해서 수차례 실패를 경험한 터라 내친김에 표어를 하나 지었다. '잊지 말자, 실물확인! 명심하라, 만져보기!'

마음도
통역이 되나요?

∧ RESET KEYWORD
마음 듣기

"일본의 수도, 도쿄 나리타 공항에 도착했습니다."

가열찬 육체노동 덕분이었는지 꿀잠을 자고 첫 번째 환승지에 도착했다. 잠자느라 밥도 커피도 건너뛰었더니 몸의 모든 세포는 카페인을 달라고 아우성이었다. 마침 커피를 파는 곳이 멀지 않다. 줄을 서는데 어랍쇼? 일본인으로 보이는 사람들은 모두 카운터가 아니라 나를 향해 줄을 서는 게 아닌가. 수줍은 표정으로 우물쭈물 좌우로 움직이면서.

'뭐지? 이 사람들이 왜 나한테…?' 1.7초쯤 어리둥절 하는 찰라 등 뒤에

∧ 가끔 생각한다. 말하지 않아도 마음을 들려줄 수 있다면 어떨까 하고.

서 여배우의 간절한 대사가 들린다.

"당신 어떻게 나한테 이래요? 흑~흑~흑~"

한류가 한풀 꺾였다지만 대합실의 100인치 TV는 한국 드라마를 보여주고 있었다. 그럼 그렇지! 연예인도 아니면서 어떻게 당치않게 그런 착각을 했는지…. 왜 나를 향해 줄을 서겠나? 사람들은 내 뒤에 있던 TV를 보고 싶은 거였다. 자막을 읽으려고 좌우로 까치발을 옮기며 필사적으로 가시각을 확보하고 있었던 게다.

인기 절정 드라마임이 틀림없는데 드라마에 젬병인 나는 도통 무슨 사연인지 알 수가 없었다. 여자는 억울하고, 남자는 믿지 않고. 뭐 그 정도가 내가 이해한 전부인데 드라마는 대체로 그런 내용이 아니던가. 배우는 나의 모국어를 말하고 있는데, 정작 그녀에게 공감하며 애달파 맘을 졸이는 쪽은 내가 아니라 일본어로 자막을 읽어야 하는 사람들이었다. 그녀는 내가 아무런 수고를 기울이지 않아도 알아들을 수 있는 말을 하고 있었는데. 나는 그녀와 불통했다. 한국어가 울려 퍼지는 외국의 대합실에서 유일한 불통자가 되어 타자의 공감과 소통을 구경하는 기묘한 체험이었다. 그래 맞다. 통한다는 것은 언제나 말이 아니라 마음의 문제였다.

순간 나는 우리가 떠나고 싶어 한 이유를 생각했다. 일상과 늘 소란스러운 말에서 벗어나고 싶었던 것은 아닐까. 말에게 자리를 빼앗기고 숨어 있는 마음을 만나고 싶었던 건 아닌가 하고. 좀처럼 말 걸어주지 않으면서 고요히 관심을 기다리는 또 다른 나를 알아보고 싶었는지도 모른다. 숨어 있는 자신에게 말 걸어주기에 여행보다 좋은 방법은 별로 없으니까. 막연하기만 한 새로운 시작도 결국 자기를 알아보는 지점에서 시작될 테니까.

낯설고 기대했던 내가 아닐지라도 여태 소리내지 않았던 내게 귀 기울이고 그 마음을 들어보겠다고 나선 길이었다.

> **Memo**
>
> 여행 시 항공편은 목적지의 국적기를 이용하는 것이 운항편 연결이 다양하고 편리하다. 에어뉴질랜드는 아시아나항공과 같은 스타얼라이언스 네트워크에 속해 있다(www.staralliance.com/ko). 마일리지 적립 및 사용과 같은 여타의 혜택을 미리 알아보고 참고하면 좋다.

산 넘고 물 건너는
반지원정대

RESET KEYWORD

즐거움

"복도도 창가도 아닌 가운데 자리."
"식어빠지고 냄새나는 기내식."
"계속 울어대는 어린아이."

딩동댕~ 장시간 비행에서 견디기 힘든 게 뭐냐고 물었을 때 튀어나온 대답이다. 번외로 의자를 뒤로 젖혀서 코에 닿게 만드는 사람 등 이코노미석에만 해당되는 고충도 있었고, 발 냄새 나는 옆 사람, 계속 말 붙이는 승객처럼 부푼 기분의 바람을 빼는 수많은 요소가 비행기 안에 있다.

나는 비행기를 타야 하는 해외출장이나 여행을 꽤 많이 한 축에 속한다. 세월을 돌려 얼추 따져보니 최소한 300번 이상 항공안전수칙 비디오를 봤을 것이라는 계산이 나온다. 복도에 엉성하게 서서 별로 성의도 없이 하는 승무원의 시범 동작과 안전수칙 영상. 그것을 집중해서 보는 사람이 있을까? 세상에는 특이취미를 가진 사람들이 많으니 모를 일이지만 적어도 나는 아니다. 하물며 기내안전 영상을 보면서 재미를 느껴야 할 정도로 사는 게 지루했던 적은 내 인생에 없었다. 회상해 보건대 처음 국제선을 탔을 때부터 최근까지 그 어느 때도 제대로 본 기억은 없다. 그날 에어뉴질랜드를 타기 전까지는.

반지의 제왕과 호빗의 땅으로 떠나는 비행기에서 '비상시 안전수칙' 영상을 보며 나는 말 그대로 배꼽을 잡았다. 그즈음 본 영화 중에 제일 재미있었다, 라고 해도 완전한 거짓말은 아닐 만큼. 비상시 안내수칙 영상을 과연 영화라고 할 수 있느냐는 부분에서 끝까지 우길 자신이 없을 뿐 재미라는 측면에서는 거짓이 아닌 참이니까. 처음부터 끝까지 깔깔 웃으며 한 장면이라도 놓칠세라 몰입해서 봤으니까.

호빗의 주인공들이 산소마스크를 하고 안전조끼를 부풀리더니 호수로 번지점프를 해서 절대반지를 집어 올린다. 바다로 슬라이드 탈출하는 드라마도 기발하고 재밌다. '승무원에게 탈출안내 영상을 다시보기는 할 수 없는지 물어볼까?'하고 진지하게 고민했을 정도다.(이상한 사람으로 생각할까 봐 참았다.) 그러니 어떻게 대충 보겠느냐고! 세상에 즐겁고 유쾌한 순간을 대충 넘기는 사람은 많지 않다.

　이제야 말이지만 복도에 승무원들 어색하게 세워놓고 부자연스러움의 극치를 보여주는 시범동작은 좀 그만 시켰으면 좋겠다. 진정 우리에게 안전수칙이란 것을 알려주고 싶을 뿐 절대로 지루하거나 무안해서 죽게 만들 작정이 아니라면 말이다. 다른 항공사에 에어뉴질랜드를 보고 배우라고 편지라도 띄워야 하는 건 아닐까? 솟구치는 책임감을 느꼈다.

　결국은 재미다 재미. 평범하고 설사 애국조회스러운 소재라도 얼마든지 재미있을 수 있다. 재미를 찾는 노력을 좀 할 때가 되었다. 안내 영상은 원정대가 리셋반지를 찾는 데 필요한 절대 힌트를 계속 쏟아냈다.

　"별빛이 당신을 인도할 것입니다. 즐거움과 모험 가득하기를!"
　"즐겁고, 즐거워라!"
　혹시 나만 모르는 이런 말이 성경에 있는 건 아닐까?
　"진실로 진실로 너희에게 이르노니, 재미를 찾으라!"

　비밀로 삼기에 시시할 만큼 기본적인 것이야말로 중요한 키일 때가 많다. '온전히 빠져서 즐기고 있는가'를 정답이자 기준으로 삼기로 했다. 재밌으면 되는 거다. 아니 재밌어야만 하는 거다. 내가 지금 제대로 살고 있는 건지에 대한 기준도 그리고 새로운 시작을 하기 위한 방법도 '즐거움'에 두리라 마음먹었다.

∧ 기내안전 영상을 유튜브로 즐겨찾기 하게 될 줄이야.

일단 즐겁자. 즐겁지 못하다면 씻지도 못하는 생 야생의 걷기가 무슨 의미가 있겠나! 대단한 깨달음이나 얻은 듯 우쭐해져서 비행기 창문을 걷어 올렸다. 구름이 딱 발치에 닿는 융단으로 깔려 있다. 아, 이러면 안 되는데 그 장면을 보는 순간 진짜 깨달음을 얻은 신선이라도 된 기분이다. 신선이 나오는 드라마라도 한두 번 본 사람이라면 알겠지만 한가롭게 인간세상을 내려다보며 깨달음의 대사를 치던 그들은 주로 이런 구름 위에 앉아 있지 않았던가.

떠나온 땅은 아득해서 보이지도 않았다. 출발은 언제나 떠남을 전제로 한다. 시간을 떠나고, 장소를 떠나고, 사람을 떠나왔다. 우리는 새로운 시작, 즐거움을 향해 출발했다.

유 노 레드 진생?
땀 뻘뻘 검색대

∧ RESET KEYWORD

못 먹을 감, 남 주자

"유 노 레드 진생?"
"코리안 레드 진생. 홍삼이라구요."

허교수가 측은지심을 얻기 위해 최선을 다하고 있었다. 한 팔엔 육포 다른 팔엔 홍삼을 껴안고 서서 그녀는 장화신은 고양이 표정을 지으며 애원 중이다.

"노노노! 잇츠 낫 육포!"

잉? 유창한 영어실력의 허교수도 다급하니 정체불명의 영·한 혼합문장을 구사한다. 선량한 비굴함이 필요한 순간이다. 우리는 일제히 간절한 눈빛 레이저를 발사하며 호소했다.

"육포는 포기할게요. 그런데 홍삼만은 가져가게 해 주세요."

하지만 검수원은 엄격하고도 단호하다. 일정한 박자로 도리도리 고개를 저으며 "No!"를 반복했다.

가망이 없어 보이는 건 육포와 홍삼만이 아니었다. 초딩 입맛 어른의 간식을 챙겨온 박팀장도 고전 중이다. 소시지 모양일 뿐 밀가루와 대두로 만들어진 간식이라고 설명했다. 어찌하여 '천하장사 소시지'가 육류가공품이 아닌지, 진짜 소시지가 아니라는 걸 거듭 설명했지만 끝내 이해시키지 못했다. 무게를 줄이겠다고 포장지를 모두 버리고 온 탓도 있었지만 사실 한국 사람이 아니라면 누가 소시지가 아닌 소시지를 먹는단 말인가.

뉴질랜드 입국수속은 뉴욕에 뒤지지 않을 만큼 번거롭고 까다롭다. 미국인들이 테러리스트, 마약범죄자, 불법체류자 후보 취급을 하면서 사람 속을 뒤집는다면 여기 검색원들은 예의바르고 친절한 고집불통이라고나 할까?

뭐든지 대충대충 되는대로 다급하게 하는 나와 달리 허교수는 나름대로 준비주의자다. 출발 전부터 원정대를 위한 비장의 카드가 있다며 눈을 찡긋거렸다. 그녀가 '서프라이즈'를 외치며 선사하려던 것은 일곱 명의 원기를 회복시켜 줄 홍삼편과 특별주문 한우육포였다. 그런데 뉴질랜드에 도착하자마자 맛도 못보고 송두리째 빼앗길 위기 앞에서 그녀의 어깨는 축 처져 허리까지 내려와 있었다.

"흑흑흑~ 외국 육포는 너무 짜길래 특별 주문했단 말야…."
"안 됩니다. 육포는 반입할 수 없습니다."
"홍삼편인데 부피 줄이려고 포장 다 뜯고…."

그녀는 울기 직전이었고 우리도 울고 싶었다.

"차라리 여기서 먹고 가도 되나 물어볼까요?"

아쉬움의 옹알이를 그치지 않던 허교수가 안타까워 제이가 한 말이었다. 그 말에 갑자기 그녀의 표정이 밝아졌다. 그녀는 처량했던 눈꼬리를 올리고 확신에 찬 얼굴로 검수원에게 또박또박 지시하기 시작했다.

"몸에 좋은 거예요. 한 번에 서너 개씩 드세요."
"……"
"감기에도 좋고 피로에도 좋고 블~라~블~라~"

∧ 최종 심사까지 통과한 원정대의 일용할 양식. 원정대는 먹을 것에 대한 논의 시 가장 진지하다.

애초부터 검색대원들에게 주려고 가져 온 사람처럼 설명에 열성이다. 주자고 마음먹은 후 그녀의 얼굴은 발그레 행복해 보이기까지 했다. 준비정신은 철저하나 결정적 삑사리가 매력이신 허당 교수님께서 그날 홍삼아가씨와 육포아줌마 열 명 몫은 너끈히 하셨을 게다. 못 먹을 감, 남 주자!

뉴질랜드 땅에만 서식하는 수십만 종의 식물이 있다. 운동화 바닥, 등산스틱, 신발 밑창까지 모두 검사하는 이유다. 혹시라도 흙에 씨앗, 해충알, 세균이 묻어 들어올까 그러는 거라는데 뉴질랜드를 제외하면 운동화 밑창을 들게 하고 바닥 흙을 채취해서 검사하는 공항은 없었던 것 같다. 자국의 자연생태계를 해칠 만한 그 어떤 것도 들어오지 못하게 하겠다는 강철의지. 그 의지를 확인하며 우리는 홍삼편과 한우육포 그리고 소시지인 듯 소시지 아닌 소시지 같은 너~ 천하장사를 빼앗겼다.

럭셔리 관광은커녕 샤워조차 못하는, 와이파이는 고사하고 전기도 들어오지 않는 곳으로 오로지 걷기 위해 가면서 편안한 노선을 탈 생각은 애초에 없었다. 공항 노숙까지 불사할 정도는 아니었지만 '최대한 싸게'를 원칙으로 구입한 항공편 일정은 매우 불친절했다.

첫 번째 환승지 나리타공항에서는 대기시간이 길어 단행본 한 권을 다 읽고 나서야 연결편을 탈 수 있었다. 남극방향으로 12시간 넘게 날아 도착한 크라이스트처치에서는 30분 간격으로 탑승지연 방송이 나왔다. 딱히 쉬는 것도 아닌 대기모드로 다섯 시간을 보내면서 피로와 꾀죄죄함으로 초절임이 돼서야 퀸스타운 행 비행기를 탈 수 있었다.

 살면서 실망하는 이유는 특정 사건 자체보다는 지불가치에 비해 기대가치를 너무 크게 가지기 때문이다. 크라이스트처치에서 유독 까다로운 짐 검사를 거치며 회심의 특식마저 모두 빼앗겼으니 결국 우리의 항공권은 기대보다는 덜 싸고, 예상보다는 더 고된 여정이었다.

퀸스타운,
무위의 베이스 캠프

∧ RESET KEYWORD
아무것도 하지 않을 자유

"시력이 좋으면 빙하와 해변 펭귄도 보일 겁니다. 잘 찾아보세요."

에어뉴질랜드는 기장에게 가이드 교육도 시키는 걸까? 착륙이 가까워지자, 기장은 노래하듯 안내 방송을 한다. 진담으로 들릴 만큼 청명한 하늘 아래 산이 푸르다. 만년설은 손에 닿을 듯 가까웠다.

스코티쉬 블룸이라는 노란 꽃으로 덮인 야트막한 언덕이 어깨처럼 감싼 비행장. 퀸스타운 비행장은 작고 다정하다. 넓은 마당 크기 활주로에 (세계의 부호 중 분명히 퀸스타운 공항보다 큰 개인 활주로를 가진 사람이 있다!에 나의 전 재산과 두 손목을 아니 거금 1만원을 건다.) 착륙했다. 비행기 트랩 위에서 나는 평생 잊을 수 없을 한 번의 호흡을 경험했다. 바스락거리는 빛. 숨을 쉬는 순간 머리가 환해졌다. 공기는 '맑은' 것이라고만 생각했는데 환한 빛의 기체를 들숨으로 마시는 느낌. 기습적인 화사함이 몰려왔다.

여행을 마친 후 우리도 누구나 한다는 유치하기 짝이 없는 대화, 이를테면 '최고의 순간', '제일 좋았던 코스' 등을 얘기한 적이 있다.

"난생 처음 공기가 '환하다'는 느낌이었어요. 너무 어색했지요. 공기가 빛이라니! 빛의 나라가 있다면 이럴까 싶고 신기하더군요."

캡틴은 이렇게 말함으로써 그날 나만 빛을 숨쉬는 4차원의 세상으로 다녀온 것이 아니라는 걸 증명해 줬다. 그는 신기하게도 나와 똑같이 바로 그 순간을 꼽았던 것이다.

우리가 치르는 값에 대한 보상이 반드시 우리가 기대한 방식으로만 이뤄지는 것은 아니다. 퀸스타운에 도착한 날, 마술처럼 숨을 쉴 때마다 정화되는 느낌을 받았던 것은 생각해 보면 끈끈하게 몸에 들러 붙어 있던 피로감 덕분이었다. 숨을 들이킬 때마다 한숨 한숨 밝은 빛이 들어와 몸은 한 눈금 한 눈금씩 밝아졌다.

일상의 과제로부터 도망치고 싶다고 노래를 부르다가도 막상 떠나면

△ 퀸스타운에서는 신발을 벗어보자. 맨발이 그렇게 편할 수가!

숙제에 몰리듯 살던 버릇을 쉽게 떨치지 못한다. 밀린 숙제, 할 일을 해치우 듯 여행을 완수하고 돌아와 허무했던 기억이 적지 않다. 시속 100킬로미터로 달리던 자동차가 그대로 방향을 바꾸지 못하는 것처럼 여행을 앞두고 가장 먼저 해야 할 일은 숨을 고르고 일단 속도를 줄이는 것이다.

슬로우 슬로우 슬슬~ 속도를 늦춰 새로운 박자와 방향을 잡아야 할 우리에게 퀸스타운은 완벽한 베이스캠프였다.

우리는 상상하던 그림의 일부가 되었다. TV로만 보던 풍경 속으로 걸어 들어가서 풍경이 되고 게으르게 호수 주변을 걷다가 맥주 브루어리를 오갔다. 도시를 만나려는 사람을 구경나온 새들과 눈을 맞췄다. 퀸스타운 베이가 내려다보이는 숙소에서 오수를 즐기다가 공원 잔디에 누워 다시 잠이 들기도 깨기도 했다.

언제 누가 시작했는지도 모를 뜀박질 무리에 섞여서 우리는 늘 숨이 차다. 아무리 뛰어봐도 항상 내 앞에는 더 빠른 다른 사람들이 있었다. 하늘이 높고도 노랗게 보이던 날, 더 빨리 뛰는 대신 달리기를 멈출 수도 있다는 생각을 했던 것 같다. 우리는 자기만의 속도를 찾고 싶었고 그러기 위해서 일단 비어 있는 시간으로 들어갔다. 제일 먼저 스마트폰을 껐고 음악도 듣지 않았으며 심지어 책도 읽지 않았다. 우리는 그다지 얘기도 나누지 않은 것 같다.

누구는 여행이 일종의 가출이라고 했다. 새로운 모든 것을 작정하고 떠나왔지만 정작 우리를 매혹한 것은 텅 빈 시간이었다. 무위. 아무것도 하지 않는 비어 있는 시간이 어찌나 커다란 감격을 안겨 주던지. 차곡차곡 초록빛 에너지가 채워지고 있었다.

여왕에게나 어울릴 만큼 아름다워서 '퀸스타운Queens town'이라는 이름을 붙였다더니 과연 이곳에서는 노력하지 않아도 여왕마마처럼 느릿느릿 걷게 된다. 비취빛 와카티푸 호수가 한가운데 있고, 도시 자체가 정원인 곳에서 걷는다는 것은 속도나 이동과는 아무런 상관이 없다. 걸음은 다만 '보고 숨 쉬고 머물며 흡수하기 위한 정적인 행위'였다.

사람들 말대로 퀸스타운은 여왕에게 어울리는 아름다움을 지니고 있다. 호수, 능선, 산과 강, 빛이 가득한 공기가 만들어낸 풍광은 황홀하기까지 하다. 하지만 퀸스타운이라는 이름은 그런 풍광에 기대어 얻은 것은 아닐 것만 같다. 우리들은 천천히 걷고 아무것도 하지 않는 무위의 세례를 받았다. 먹고 마시는 행복이 선명해졌고 온몸에 흐르는 피를 아드레날린으로 채울 수도 있었다. 퀸스타운에서는 무얼 해도 다 좋았다. 우리는 이곳에 머무는 동안 마치 여왕이라도 된 듯 충만함을 느꼈다. 바로 그 때문에 퀸스타운이라는 이름은 합당하다.

Memo

숙소예약은 에어비앤비(www.airbnb.co.kr)를 추천한다. 호스트와 이용객의 리뷰를 보고 여행자의 취향을 반영할 수 있고 호텔 숙박과 비교할 수 없는 만족감이 있다. 퀸스타운에서 우리는 항구가 내려다보이는 집을 통째로 빌렸다. 7인이 게스트하우스를 이용한 요금의 반값에 쾌적함과 만족도는 별 다섯 개를 줘도 모자란 훌륭한 선택이었다. (개인보다 다인 이용 시 혜택이 크다.)

∧ 숙소에서 와카티푸 호수가 내려다보인다.
∧ 아무것도 하지 않기로 선택했던 날.

인류애와 지구평화
그리고 맛 맛 맛

∧ RESET KEYWORD
먹기 예찬

    내가 인생에서 가장 중요하다고 생각하는 세 가지는 인류애적 사랑과 지구 평화 그리고…맛있는 음식이다.

    좋은 음식을 먹는 것보다 더 큰 위로를 주는 것이 흔치 않다는 믿음에 동의하지 않는 사람과는 친구 삼지 않는다는 불문율도 있다. '맛있게 잘 먹기'에 대한 집념이 강한 우리는 누룽지와 마른 빵으로 버텨야 할 트랙에서의 날들을 미리 보상하고 싶었다. 열심히 먹을 것을 찾아다녔다. 덕분에 퀸스타운은 말도 안 되게 맛있는 음식으로 가득한 약속의 땅임을 알아냈다. 퀸스타운을 떠나며 결심한 것이 있다. 이제껏 남에게 도움을 주는 일도 별로 못하고 살았으니 검증한 맛집을 알리는 덕이라도 쌓겠다는 것이다.(맛집을 소개하는 공을 쌓는다고 천국 가는 보증을 받을 수는 없겠지만 여행자에게는 결코 작지 않은 공적이다.) 먹기는 1차적으로는 혀와 눈을 만족시키고 이내 우리 몸을 살찌울 것이다. 그러니 먹자. 몸통만이 아니라 마음을, 그리고 모르는 사이에 정신도 살찌워 줄 테니까.

아기스 쉑 Aggy's Shack

퀸스타운 시내의 호숫가에 일명 텐트 음식점이 있다. 여기서 처음 피시앤칩스를 먹은 날, 중독을 예감했고 그 예감은 적중했다. 아침, 점심, 간식으로도 먹었다. 흔한 메뉴고 특별한 소스도 없는데 대체 왜 이렇게 맛있는지! 미식가를 나타내는 용어가 MSG라는 얘기를 듣고 한참 웃었는데 혹시 여기도 그런 건 아니었을까? 하여튼 매번 감탄으로 먹는 중에 한번은 칭찬삼아 주인에게 비결을 물었다.(맛있다고 감탄하면 좀 더 큰 걸 줄지도 모른다는 생각이 전혀 없었다고 말하지는 않겠다.)

그는 태연하게 웃으며 말했다.

"글쎄…. 매연 때문일까? 지나가는 자동차 매연이 섞이잖아! ㅋㅋㅋ"
주인의 대답에 따르면 퀸스타운의 매연 맛은 일품이다.

퍼그버거 Fergburger

2000년에 문을 연 퍼그버거에서는 두 손으로 잡기도 힘들 만큼 커다란

∧ 마스터 셰프 조쉬 에밋Josh Emett의 싸인을 받고 싶었다. 라타에서 맛본 그릴 야채와 디저트를 능가하는 음식을 다시 만날 수 있을까.

버거를 판다. 오래전 유럽을 가난하게 여행하면서 매 끼니를 맥도날드 햄버거로 연명한 이후 질려 버려서 내게 햄버거란 울렁울렁~ 울릉도 배 멀미나 진배없는 메뉴다. 게다가 샷오버 스트리트의 퍼그버거에는 아침부터 저녁까지 줄이 길었다.

"아무리 맛있어도 저렇게 줄을 서서 먹는 건 좋은 생각이 아니야."

우리는 서로서로 최면을 걸었다. 최면은 아무나 걸 수 있는 게 아닌 건지 퀸스타운을 떠나기 전 우리는 길게 늘어선 줄에 결국 합류해야 했다. 평소에 비하면 긴 줄도 아니었지만 그날 기다려서 먹기까지 한 시간이 걸렸다. 결과는? 내게 퍼그버거 사진이라도 보여주시라. 당장 파블로프의 개 실험 반응을 볼 수 있으리라. 우리는 아직도 퍼그버거를 먹으며 찍은 영상을 가지고 있다. 우울할 때, 기운 빠질 때 그리고 다시 리셋이 필요할 때 돌려볼 용도로 찍어두었는데 아직도 유용하다. 퍼그버거에 가지 않았다면 어찌 알 수 있었을까? 햄버거가, 폼 잡고 들려주는 진지한 충고나 위로보다 기운이 세다는 것을.

라타 Rata

퀸스타운 마지막 날, 기념만찬을 할 장소를 정하는 문제는 '난이도 최상'이었다. 원정대에는 채식주의자, 해산물파, 육고기파, 생선 기피자, 게다가 특정 해산물에 알러지가 있는 사람까지 있다. 정말 가지가지들 하는 사람들이라 식당을 예약하는 일은 국회에서 법안 상정을 두고 여야 합의를 이루는 것보다 힘들었다. 그러다가 찾아낸 음식점이 라타다.

예약을 하고 보니 이미 이름난 집이었지만 그런 식당이 오히려 위험 변수가 큰 법. 유명이 허명이던 식당에서 돈만 아까웠던 경험도 많기에 큰 기대는 금물이다. 별 기대 없이 식당에 들어섰다. 첫 인상은 내부 장식이 극도로 단순하다는 것이었다. 한 마디로 장식이라고 부를 만한 것도 거의 없다.

'휘황찬란한 내부 장식과 먹지도 못하는 요란스러운 식기 사용료를 지불할 필요는 없겠군.'

안도감이 들었다. 요즘말로 고급진 인테리어와 먹지도 못하는 명품식기가 빠진 요리가격은 선량했다. 일곱 명이 전채, 주요리, 디저트를 포함 대략 스무 가지의 메뉴를 섭렵했다. 주술에 걸린 사람들처럼 음식을 먹었다. 그 모습을 상상하고 싶다면 루시 모드 몽고메리의 '빨간 머리 앤'을 떠올리면 된다. 앤이 태어나서 처음 아이스크림을 먹은 날 그랬던 것처럼 우리 입에서 방언이 터져 나왔다. 먹는 행위란 때로 방언하게 만든다.

모든 것이 맛을 위해서만 복무하는, 잉여가 없는 음식점에서 맛난 식사를 한 끼니 할 때면 곧잘 잊곤 했던 사실과 법칙을 새삼 깨닫곤 한다.

'스스로 위대한 것들은 단순하며 요란하지 않다. 그럴 필요가 없다.'

∧ 퍼그버거의 왕중왕 빅 알BIG AL.

Memo

퀸스타운은 무작정 헤매며 걷기에 아주 적합한 작은 도시이다. 대체로 모든 음식점에서 평균 이상의 맛을 선보인다. 아침부터 저녁까지 세 끼를 먹어도 질리지 않을 다양한 메뉴를 가진 부두 카페Vudu Café나 센스 있는 서비스에 맛있는 맥주까지 함께 할 수 있는 벙커 레스토랑 앤 바The Bunker Restaurant & Bar도 사실상 최고였다. 퀸스타운의 단점을 말하자면 도시 안에서 길을 잃는 모험을 하기가 좀처럼 쉽지 않다는 것 정도.

뻔뻔한 몸무게,
공포의 번지점프

∧ RESET KEYWORD

도전

　발 아래 강물은 급류로 이어졌다. 난간을 놓지 못한 팔과 두 다리는 빠르게 털기춤을 추며 한참 동안 펄럭였다. 하늘을 향해 있는 힘껏 펴고 뛰어 봤지만 몸은 떠오르지 못하고 강물로 떨어졌다.

　번지점프는 뉴질랜드 원주민 마오리족의 성인식 통과의례였다. 남태평양에 있는 펜타코스트 섬에서 축제 중에 담력을 테스트했던 것이 원조라는 주장도 있다.(원조 갈비, 원조 해물탕, 하다못해 원조 미인마저 따지는 형국이니 번지점프 원조도 가려야 마땅하겠지만 여기서는 그냥 넘어가자.) 세계 최초로 상업적인 번지점프가 시작된 카와라우강 다리는 퀸스타운 바로 옆에 있다. 지구 곳곳에서 성인식을 치르고 진짜 어른이 되겠다고 사람들이 몰려온다.

번지점프를 비롯해서 스카이다이빙, 헬리콥터 점프, 행글라이딩, 협곡 스윙 등 일명 '아드레날린 러쉬'라고 부르는 아웃도어 스포츠의 천국이 이곳 퀸스타운이다. 죽지 않도록 고안되었다는 장치에 의지해서 죽을 수도 있는 짓을 하는 곳. 여기서 사람들은 자기 혈관을 타고 아드레날린이 폭주하는 것을 즐긴다. 안전지상주의자였던 사람들도 이곳에 오면 오로지 위험에 빠지고자 돈을 내고 줄을 선다.

'뭐 하러 재밌는 걸 다두고 저런 짓을 해?'
이랬던 우리를 향해 마오리족 정령이 손가락을 튕겼다.
'레드 썬~'
우리도 출발하기 전, 일종의 통과의례를 치르기로 했다.

"신발 벗지 말고 그냥 올라가세요."
친절해 보이는 남자는 평형추가 달린 널따란 철판을 가리켰다. 그것은 필시 소나 말을 사고 팔 때, 매우 동물존중적으로 무게를 재는 물건임에 틀림이 없어 보였다.

유서 깊은 푸줏간에서나 쓸 만한 저울 위로 올라가라니! 사람을 푸줏간 저울로 올려 놓더니 남자는 납덩이처럼 보이는 쇠뭉치를 얹어가며 평형을 맞춰 몸무게를 잰다. 디지털 저울로 순식간에 무게를 재는 것도 질색인데, 사람들이 모두 쳐다보는 데서 천천히 근수를 달더니(왜, 아예 확성기를 대고 방송이라도 하시지 않고?) 50년 봉인 비밀문서에라도 숨기고 싶었던 몸무게를 진한 마커로 손등 위에 적어준다. 정육점에 걸린 날고기에 찍혀 있던 검인도장처럼 글씨도 하필 푸른색이다. 그 순간이야말로 진정 아드레날린 러쉬의 순간이었다. 절벽 아래로 나를 던져야 한다는 두려움에 앞서 손등 위에 뻔뻔하게 적힌 숫자. 심장이 쫄깃해졌다.

번지점프대에서 뛰어내리면 최초의 추락이 가장 깊고 세다. 그 후에도 발목을 묶은 고무줄 탄성대로 서너 번쯤 더 튕겨 오르고 떨어지고를 반복한다. 몸무게를 정확하게 재야 하는 이유다. 안전하게 체중을 지탱할 고무줄의 굵기와 강도를 조절하기 위해서라며 몇 번씩 확인한다.(창피를 주려고 체중을 만천하에 공개하는 것은 아니었겠지만 그런다고 결과가 달라지던가? 아… 진정 오기 전에 살을 뺐어야 했다.)

발목에 줄을 묶기 전에 조교가 물었다.
"Wet or dry?"

강물에 빠질지 말지를 결정하라는 것이다. 상체가 푹 잠기는 'Wet 번지'를 하면 티셔츠도 주겠다고 한다.

"물론 손바닥만 살짝 스치게 조절할 수도 있어."

∧ 번지점프를 했다면 다음은 풍선을 펴고 산에서 뛰어내릴 차례다.

이왕이면 멋지게 풍덩 빠지는 게 기억에 남고 재밌을 것이다. 그래서 솔깃해졌으리라 생각했다면 천만에 말씀 만만의 콩떡이다! 호흡을 가다 듬고 말했다.

"Dry. 절대 빠지지 않게 해줘. 빠지면 가만있지 않겠어욧!"
허공에 달랑 두 발만 나와 있는 점프대에서 조교는 주문이 많다.
"어깨 뒤로 이렇게~ 5도쯤 양팔을 젖혀 봐."
"……"
"그래야 멋있어."
"응 알았어. 걱정 마."

죽기 아니면 까무러치기라고 겨우겨우 마음을 잡았지만 심장박동 소리에 귀마개가 필요할 지경이었다. 얼마나 무서웠는지, 점프대에 섰을 때 온몸이 얼마나 후들거리는지는 얘기하지 않겠다.(너무 심하게 몸을 떨다가 정식으로 뛰기도 전에 저절로 떨어졌다는 사람도 있다.) 중요한 건 뛰기로 결정했다는 것이다. 오래 머뭇거리는 내게 안전요원은 뛰지 못하면 환불도 가능하다고 했다.

'무섭지는 않은데 생각해 보니 너무 비싼 것 같아. 그냥 내려갈래.'
이렇게 말해 버릴까 하는 꽤 합리적인 갈등도 밀려왔지만, 나는 뛰기로 했다. 허공으로 몸을 던지며 팔을 새처럼 펴고 '나.는.자.유.인.이.다~'라고 외칠 작정이었다. 뛰어내리며 소리쳤다.

"나아아~ 꺄아악~ 사알.려줘어어~"
나는 잠시지만 하늘을 날았다.

우리가 두려워하는 것들은 대부분 다만 익숙하지 않은 것들이다. 딱히 하고 싶은 것이 없는 사람은 어쩌면 너무나 잘 훈련된 사람일 뿐이다. 우리는 정해져 있는 것 외에는 상상하지 않도록, 이미 알려진 것들을 따르는 삶을 살도록 훈련받는다. 그것이 위험을 피하는 일상이 요구하는 대가다. 훈련을 거부하는 지점이 도전의 시작이다.

불안하고 미숙하지만 도전하는 사람이 되겠다는 결정으로 성인식을 치렀다. 번지점프를 하고 행글라이더를 탄다고 성인이 되는 것은 아니지만 하늘을 나는 동안에는 어린 시절에 상상했던 어른이 될 수 있었다. "나중에 커서 어른이 되면 하고 싶은 걸 마음껏 할 거야!" 비록 꾸역꾸역 살아내는 성인이 되어버렸지만 예전에는 우리도 어른이 되면 정말 근사할 거라고 믿지 않았던가.

Memo

아웃도어 스포츠. 거의 모든 종류의 익스트림 스포츠를 즐기고 체험할 수 있는 곳이 퀸스타운이다. 판매처가 많기 때문에 미리 예약하고 갈 필요는 없다. 날씨변화가 심하고 특히 바람이나 우천에 따라 일정이 자주 바뀌므로 현지에서 선택하는 편이 낫다.

헬기녀,
오나가나 쥐가 문제다

∧ RESET KEYWORD
트라우마

두구~두구~두구~두구~두구~

구조헬기가 도착했다. 머리 위 하늘을 돌며 비상 착륙할 자리를 찾고 있었다.

'결국 밀포드까지 와서 또 구조헬기 신세를 지는구나…'

내 자신이 너무 미웠다. 친구들은 대체 어디로 갔는지 아무도 보이질 않았다. 헬리콥터는 착륙하지 못하고 사다리를 내려보냈다. 프로펠러가 만들어내는 돌풍에 휘청이던 구조대원이 소리친다.

"미스 박, 몸무게를 말하시오. 몇 킬로그램입니까?"

엥? 아무래도 다리를 다치며 귀마저 이상해진 것이 틀림없었다. 이 상황에 나한테 몸무게를 묻다니!

"고무줄 길이를 조절해야 해요. 손등을 보여 주세요."

번지점프도 아니고 무슨 고무줄인지…. 어질어질 지축을 울리던 프로펠러 소리가 잠잠해지나 싶었는데 멀리서 허교수의 목소리가 다급했다.

"재희야 일어나! 몇 번을 깨웠는데 뭐하니? 빨리 일어나! 이러다 늦겠다!"

휴우~ 꿈이다. 눈치 챘겠지만 나는 산에서 문제를 일으킨 전력이 좀 화려한 편이다. 고질적으로 문제가 된 증상은 '근육경련에 의한 기능상실'이다. 대개는 그냥 '쥐가 난다'고 한다. 모르는 사람들은 쥐나는 게 무슨 대수냐고 하겠지만 몇 년째 나를 스토킹하는 그 쥐놈은 예사 쥐가 아니다.

첫 번째 쥐내림 재앙은 북한산 향로봉 근처에서 일어났다. 처음에는 별일이 아닐 거라며 주무르고 마사지를 했다. 점점 심해졌다. 다급해진 즐산 친구들은 나를 눕히고 지나가는 등산객에 호소해 응급 침구를 가진 사람을 찾았다. 바늘로 찌르고 피를 냈지만 내 다리에 내린 쥐는 점점 힘을 얻었다. 결국 119구조대를 부르고 나는 구조헬기에 실려 병원으로 갔다. 쥐가 나서 헬기를 탔다는 사람은 아직까지 나 말고는 보지 못했다. 내게 내리는 쥐는 그런 쥐다.

소백산으로 원정훈련 삼아 등산을 갔을 때였다. 멀쩡하던 다리가 눈폭풍이 몰려온다던 순간 다시 쥐에 붙잡혔다. 소백산 비로봉에서 쥐에 물린 나 때문에 우리 팀은 단체로 조난위기마저 겪었다. 캡틴과 제이가 양쪽에서 나를 들고 배낭은 함께 간 즐산 친구들이 바꿔 메며 가까스로 하산했다. 그 주말 우리는 저체온증으로 소백산에서 등산객이 사망했다는 뉴스를 들었다. 천우신조로 살아오긴 했지만 그날 이후 즐산은 나 몰래 '과연 박재희가 뉴질랜드 원정에 가도 좋을까'에 관해 여러 차례 진지하게 논의했다고 한다.

경기 중 쓰러져 몸부림치는 축구 선수처럼 누워서 근육 마사지를 받아야 했던 일에, 오르던 봉우리를 포기하고 내려와야 했던 것까지 합치면 원정 전 사건사고를 헤아리기에 두 손이 모자란다. 하여튼 오나가나 쥐가 문제다! 제이는 모든 것이 늘어난 체중 때문이라고 했다. 살을 빼지 않으면 뉴질랜드에서도 헬기를 타야 될 거라며 걱정 반 놀림 반으로 자주 경고했었다. 체중을 고스란히 지켜온 데다, 바로 전날 손등에 몸무게를 적는 무자비한 일을 당한 터라 헬기 하산의 트라우마가 발동된 거다. 하필 밀포드로 출발하는 날. 구조헬기를 부르며 꿈에서 깬 것이 불길했지만…. 꿈땜할 일은 없기를 바라는 수밖에.

어느새 친숙하기까지 한 그러나 여전히 불명예스러운 '헬기녀' 별명을 반납하려면 남반구원정을 무사히 마치는 수밖에 없다.

"쥐~ 제발 나를 잊고 떠나 줘! 이제 그만 끝내고 싶다."

∧ 화이트 아웃을 목전에 둔 조난위기에도 사진을 찍는 기자정신이 남긴 절체절명의 굴욕 순간.

양과 나눠 쓰는 땅

∧ RESET KEYWORD

공존

　뉴질랜드는 하절기에 한국과 네 시간의 시차가 있다. 오전 일곱 시. 잠에 들기도 깨기도 애매한 한국시간 새벽 3시에 밀포드 트레킹을 위한 첫날을 시작했다. 미니버스를 타고 테아나우로 가는 길은 나른한 평화다. 킹스톤까지 에머랄드빛 호수가 이어진다. 아득한 지평선과 끝도 없는 초지에는 풀을 뜯는 양들이 가끔씩 보이고 더 가끔씩 사슴과 소가 있었다.

　한참을 지나도 농가 하나 볼 수 없는 풍경이었다.

　"이 넓은 땅을 그냥 놀리네~"

부러운 마음에 입술이 부루퉁한 소리를 했다.

"그러게 말예요. 땅은 넓고 사람은 적어서 그런가?"

초원을 두고 이러쿵저러쿵 하는 얘기를 눈치챈 뉴질랜드 아저씨 말씀이, 엄밀히 말하면 이 초원은 양들이 쓰는 땅이란다. 펜스로 구역을 나눠 놓고 양이 풀을 다 먹으면 옆으로 옮겨 준다나.

"다 드셨습니까? 그럼 펜스 저쪽으로 가시죠~" 뭐 이런 식이다. 비가 내려 풀을 키우고, 풀을 먹는 초식동물이 살고, 그 위에는 육식동물이 있다. 어릴 때 배운 먹이사슬이 이 땅에서는 현재진행형이다. 등을 밀치고 무릎과 어깨가 닿는 지하철에서 진저리를 쳐야 했던 사람들에게 비어 있는 들판은 봐도 봐도 황홀하고 질리지 않는 풍경이다.

말이 나왔으니 옆길로 잠시만 나가보자. 도시는 말할 것도 없고 전국 어디서나 건물공해에 시달려야 하는 우리나라 말이다. 아름다운 강과 언덕은 처참하게 파헤쳐 놓고 생뚱맞게 아파트에 ㅇㅇ리버, ××힐이라고 이름붙이는 코미디 연출이 예사다. 며칠간 눈밭에서 이벤트하자고 수백 년 된 숲을 눈 하나 깜짝 안 하고 베어 버리기까지 한다. 대체 어쩌려고 그러는지 '개발'이라는 건설병마가 덮친 이후 아직까지 '대한민국은 공사 중'이다.

조악하게 마구잡이로 지어놓는 건물들은 또 어떻고?(때로는 혹시 '풍경 망치기 연합회' '자연 해치기 결사대' 이런 비밀조직이라도 있는 것은 아닌가 의심스러울 때가 많다.) 슬프게도 내가 사는 나라 한국에서 품위 있는 도시나 시골동네는 찾아보기가 힘들다.

자연이란 '저절로 이루어지는 모든 존재와 그대로의 현상'이건만 기껏 얼마짜리 경제효과나 재산가치로만 계산하는 우리가 불우하기 그지없다. 양들에게 내어준 뉴질랜드 초원을 지나며 원정대는 대한민국에 창궐하고 있는 아파트병과 건설망국을 슬퍼했다.

'납득이 안 된다 납득이….' 납득이를 부르며 두 시간여를 달려 테아나우에 도착했다.

∧ 땅은 부동산이기 전에 생명을 길러내는 자연이다.

죽기 전 걸어야 할 곳,
밀포드

∧ RESET KEYWORD

목적지

피오르드 랜드 방문객센터에서 등록티켓 뭉치를 받았다. 밀포드에 발 들일 허락을 받았다는 징표다.(버스, 왕복 배승선권, 오두막 숙박표에 이름이 적혀 있다.) 배가 출발하는 테아나우 다운스까지는 셔틀버스로 이동한다. 출발 전, 우리는 전장에 나가는 마오리족이 얼굴에 문양을 그려넣듯 경건한 마음으로 선크림을 발랐다.

센터 정원에서 당분간 포기해야 할 문명식사를 할 예정이었건만 오리와 비둘기들이 먼저 차지하고 있다. 조류공포증이 있는 스텔라가 앉지 못하고 뛰는 통에 그녀를 맨 앞에 두고 나머지가 차례대로 그녀의 뒤에 섰

∧ 테아나우 다운스에서 바다 같은 산중호수를 건너는 배가 출발한다.

다. 기차대형으로 오리를 피해 옮겨 다니며 샌드위치를 먹었다.

　선택받은 방문객만 배를 탈 수 있다. 선착장에서 보트까지 이어진 데크를 따라 걷는 동안 다른 세상으로 간다는 느낌이 선명해졌다. 밀포드 트랙이 시작되는 글레이드 워프는 바다 같은 산중호수를 지난 곳에 있다. 테아나우 호수는 지구의 마지막 빙하기, 대략 1만4천 년 전에 생겼다. 면적을 말할 때 왜 여의도를 기준하여 비교하는지 모르겠지만 여하튼 호수의 크기는 여의도의 110배가 넘는다. 연평균 강수량도 6천 밀리미터(잘못 들은 줄 알고 몇 번이나 확인했다.)라고 하니 무엇이든 평소 내가 익숙한 규모의 100배가 넘는다.

바다도 아닌 호수를 건너는 데 1시간 20분이나 걸린다고 했다.

'밀포드로 가는 길이 멀기도 하구나.'

살짝 조급해지던 차에 인생과 여행에 목적지란 애초에 없는 것일지도 모른다고 생각을 고쳐 본다. 밀포드가 목적지라면 그곳으로 가는 모든 길은 그저 지나기 위한 것이란 말인가? 목적지에 도착하는 것만 중요한 것은 아닐 텐데 그 사실을 우리는 종종 잊는다.

테아나우 호수의 산들은 만년설을 머리에 덮고 이고 서 있다. 가늠할 수 없는 깊이의 수면 위로 자기 그림자를 만들어 들여다보는 산들은 배가 지나는 대로 겹겹이 다가오고 펼치며 길을 만들었다.

밀포드 트랙을 처음으로 개척한 탐험가 퀸튼 맥킨논Quintin Mackinnon은 이 호수에서 실종되었다. 얼핏 고요한 듯 보이는 호수지만 마냥 아름답다고만 할 수는 없는 거친 기운이 휘몰아친다. 실제로 테아나우는 마오리어로 '소용돌이치는 물 동굴'을 의미한다고 했다. 지나온 시간, 인간의 의지조차 모두 무의미해지는 풍경이 시야를 점령하면 우리의 역할은 그저 감탄하는 것뿐, 말은 필요 없다.

산 넘고 물 건너 도착한 선착장에서 마지막으로 신발소독까지 풍덩 마쳤다. 배에서 내리는 사람들은 모두 소독약통에 두 발을 차례로 담근 후

걷도록 되어 있다. 마치 약속의 땅으로 들어가기 전 쿵쿵 도장을 찍는 예식처럼 느껴진다. 밀포드 트랙이 시작되는 지점. 모두가 인증샷을 찍는 팻말이 선 곳에서 오늘 밤을 보낼 오두막, 클린톤 헛Clinton Hut까지는 5킬로미터밖에 되지 않는다. 새벽에 퀸스타운을 출발했지만 이미 늦은 오후였다. 밀포드 트랙 총 54킬로미터 중 가장 짧은 거리를 걷는 첫 날이다. 피곤했는데 오늘 걸어야 할 트랙이 짧다는 것이 어찌나 다행스럽던지.

"5킬로미터 평평한 길이라니 한 시간 남짓 걸으면 될 거예요."
"가뿐하네요 뭐. 5킬로미터면."

우리는 그렇게 생각했다. 가뿐할 것이라고.

결론을 먼저 말하자면 밀포드 첫 날은 완벽한 예고편이었다. 트레킹을 하는 동안 우리가 마주할 기쁨과 환호, 고통 그리고 이겨내야 할 고난까지 모두 알뜰하게 맛보기로 준비되어 있었다. 우리는 천진한 흥분에 싸여 잔뜩 기대만 부풀었을 뿐, 그때까지만 해도 우리에게 남은 반나절이 어떻게 펼쳐질지 전혀 알지 못했다.

▲ 테아나우 호수. 남섬에서 가장 큰 산중호수이자, 빙하호수.

피톤치드 방향제
백만 통

∧ RESET KEYWORD
처음처럼

파르스름한 향기. 이건 뭐지?

밀포드 트랙으로 들어서자마자 싱그럽고 촉촉한 향이 뿌려진다. 거대한 분무기라도 있는 것은 아닌지 자꾸 주변을 둘러봤다. 피부로 스며드는 향기가 매끄럽고 몽글몽글하다.

'향기에서 부피감이 느껴지다니! 내게 초능력이라도 생긴 건가?'

청량한 입자가 몸에 닿는 감촉이 어찌나 생소하던지. 황홀한 순간이었건만 하필이면 왜 나는 차량용 방향제를 떠올렸을까? 체험하지 못한 것은 상상할 수도 없는 것일까? 단 한 번도 만나보지 못한 청량함이 안개비처럼 내리는데 저렴한 경험의 내가 떠올린 것은 기껏 피톤치드 방향제였다. 산도깨비 백만 통!

'세상이 그대로 멈추고 그 사람에게만 빛이 쏟아졌어.'

이건 운명처럼 첫 눈에 사랑하게 되었다는 사람들이 쓰는 표현이다. 내게는 귀신 씻나락 까먹는 소리쯤에 해당하는 말이었지만. 그 순간을 맞이하고 나서야 믿을 수도, 이해할 수도 없던 이 표현이 실은 얼마나 정확한 묘사인지 깨달았다. 정말이었다. 클린톤 강을 마주한 순간 진짜 세상이 그대로 멈추고 빛이 우리에게만 쏟아졌다. 처음 구름다리를 건너던 그 순간은 사랑에 빠진 사람들의 호들갑을 빌어오지 않고는 설명하기가 힘들다.

트랙을 걷는 동안 수없이 만나게 될 풍경이었지만 처음이란 원래 그런 법이다. 처음은 그 자체로 우월하다. 첫 사랑, 첫 키스, 첫 눈, 첫 만남…. 설사 더 좋은 다음 것이 있더라도 처음은 단 하나고 그래서 모든 처음은 대체 불가능하다. 그날은 첫 날이었고, 우리는 몇 발짝마다 한 번씩 사랑을 고백해야 하는 마법에 걸린 사람들처럼 오두막으로 가는 길을 환호성으로 채웠다.

∧ 클린톤 강. 보자마자 사랑에 빠졌다.

'Too good to be true.'

꿈이야 생시야. 완벽하고 너무 좋아서 믿어지지 않는 그런 길이었다.

갑작스러운 습격을 당한 것도 그때였다. 우리가 첫 번째 구름다리를 건넜을 때. 그때를 기다렸다가 파리 대왕은 '일제 공격' 신호를 내렸다. 원정대의 막내를 시작으로 우리는 비명을 지르기 시작했다.

"아아아악~"

바람에 눕는 들풀이 황금빛으로 빛나던 오후, 무자비한 공격이 시작되었다. 지나치게 완벽하다 싶었던 꿈결 같은 평화가 깨졌다.

> **Memo**
>
> 밀포드 트레킹을 위해서는 샌드플라이 전용 퇴치제와 헤드넷을 반드시 준비해야 한다. 샌드플라이는 크기가 매우 작아 어지간한 그물은 모두 통과한다. 여럿이 몰려다니며 한 번에 수십 번씩 물어뜯는다. 이 무시무시한 흡혈파리에게 물린 후 오랫동안 병원신세를 지는 사람도 종종 있다.

흡혈곤충
샌드플라이

∧ RESET KEYWORD

준비

　마오리 신은 언젠가 인간이 밀포드를 찾아낼 것을 알았다. 인간들로부터 밀포드를 지켜줄 수호자들이 필요하다고 생각한 마오리 신은 모래를 한 움큼 집어 던져 샌드플라이를 만들었다.

　별다른 개성을 느낄 수 없는 '모래파리sandfly'라는 이름으로 정체를 숨기고 있지만, 샌드플라이는 흡혈곤충이다. 방문객에게 달려들어 물어뜯고 맹렬하게 피를 빤다. 마오리 신의 명령대로 밀포드를 지키는 그들을 사람들은 '가디언즈 오브 피오르드 랜드'라고도 부른다. '가디언즈 오브 갤럭시'라는 영화가 떠올랐다. 우리가 열광한 히어로들도 침략자 입장에서는 얼마나 샌드플라이스러웠을까!

샌드플라이에 관한 전설 가운데는 마오리 여신에 관한 것도 있다. 여신께서는 1만4천 년 동안 꽁꽁 가려졌던 밀포드에서 좀 외로웠다고 한다. 맥킨논 탐험 후 사람들이 찾아오는 것을 기뻐하고 있었는데 웬걸! 사람들이 그녀에게는 관심도 없었다. 게다가 경치에 넋을 잃고 환호성을 지르는 통에 잠도 제대로 잘 수가 없었다나 뭐라나. 여신은 질투심에 불타 환호성이 들리는 곳마다 모래를 던져서 샌드플라이를 만들었다. 여신에게 진실 여부를 확인해 볼 수는 없지만, 풍광에 취해 잠시라도 머물라치면 흡혈 파리들이 더 들끓었던 것은 사실이다. 영락없었다.

일단 물린 후에는 딱히 방법이 없다. 물린 자리를 손톱으로 눌러 십자가를 만들고 그 위에 침을 바르는 따위의 태평한 행위로는 어림 반 푼어치도 없었다. 독성이 강해 한 번 물리면 부어올라 물집이 생기고 진물이 흐른다. 가려움은 상상초월. 잠도 잘 수가 없고 미친 듯이 긁다 보면 어느새 피부 위로 빨갛게 피가 배어 올라오곤 한다. 오죽하면 밀포드 트랙을 개척한 맥킨논마저 그 지경이 되었겠나!(샌드플라이에 물린 후 가려움 발작을 참지 못하고 몸을 긁다가 호수에 뛰어들어 변을 당했다는 얘기가 있다.) 실제로 그의 실종에 관하여 정확하게 밝혀진 바는 없지만 샌드플라이에게 피를 바친 한 사람으로서 생각해 보자면 맥킨논 사망에 관한 추측은 매우 신빙성이 있다.

"그러지 말고 퇴치제를 바르세요."

절박하게 손바닥 파리채를 휘젓고 있는데 이제 때가 왔다는 듯 스텔라가 말했다. 그녀는 대수로울 것 없다는 듯이 방금 명상수련을 마친 사람처럼 평화로운 표정이었다.

스텔라는 어렸을 때 뉴질랜드로 이민 와서 19년째 오클랜드에 살고 있다. 한국에서 밀포드 원정을 떠나오게 만든 사진을 보낸 장본인이지만 그녀도 밀포드는 처음이다. 뉴질랜드에서 트램핑 꽤나 한다는 친구들은 그녀에게 귀가 따갑도록 경고했다고 한다.

"밀포드는 세상에서 가장 아름다운 길이야. 하지만 샌드플라이가 제일 많은 곳이기도 하지."
"샌드플라이는 아마존 콩가개미에 맞먹어. 최강 독충이야. 조심해!"
최소한 1인 1개, 넉넉하게 두 개씩 퇴치제를 준비하라던 말이 그제야 생각났다. 소사 소사 맙소사!

다른 사람은 몰라도 난 그걸 잊지 말았어야 했다. 체질적으로 모기의 유별난 애정공세를 받는 난 언제 어디서고 모기의 존재를 증명한다. 모기들은 나만 물었다. 방에 내가 있으면 다른 사람들은 모기향을 피운 것처럼 멀쩡했다. 난 어쩌면 이 한몸 물어 뜯겨 사람들을 지켜야 하는 모기향 운명을 타고났는지도 모른다. 그런 내가 다른 것도 아닌 샌드플라이 퇴치제를 까맣게 잊었다는 게 말이 되나? 일반 모기약이나 스프레이는 소용없다기에 출발하기 전 스텔라가 추천한 것으로 살 생각이었는데 허둥

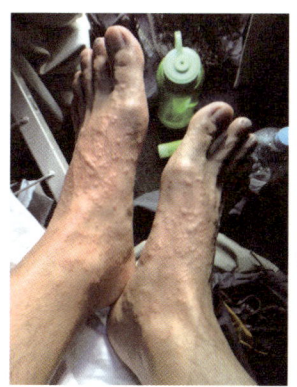 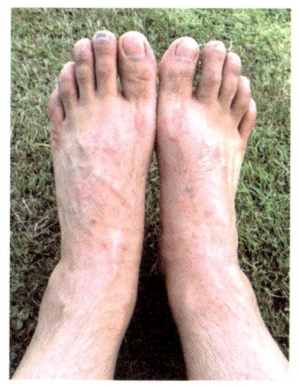

∧ 보는 사람을 배려하여 그나마 순한 모습을 공유한다.

거리다 잊고 말았다.

　원정대 일곱 명에게 퇴치약은 단 한 통뿐. 완벽한 꿈결 같던 밀포드가 이제는 공포를 안겨주고 있었다. 우리는 먹이가 되자고 밀포드에 왔단 말인가….

　날아오를 것 같은 황홀한 기분을 선사한 날이었지만 마냥 좋을 수만은 없는 처지였다. 무거운 배낭도 예삿일은 아니었다. 이미 얘기했듯 별의별 방법으로 무게를 줄이고 수십 번 넘게 배낭을 메봤지만, 점검은 점검일 뿐이다. 배낭 무게도 인생 무게와 마찬가지다. 잠시 어깨에 메보는 것과 실제로 짊어져야 하는 것은 다르다. 길이 끝날 때까지 걸으며 감당해야 할 무게가 우리를 눌렀다.

　우리는 밀포드의 길이 황홀해서 자주 서야 했고, 무게를 감당하기 어려워

멈추기도 했다. 그때마다 우리를 앞으로 나아가게 한 것은 샌드플라이였다.

우리는 꼴찌로 숙소에 도착했다. 먼저 온 사람들이 좋은 위치의 침상을 모두 맡은 후라 침상은 몇 개 남아 있지 않았다. 오두막에 머무는 사람들은 대부분 20대 초반 서양인들이었다. 언제 도착했는지 벌써 짐정리까지 모두 마친 그들은 바위에 누워 일광욕을 즐기는가 하면 그나마 샌드플라이가 적은 조리공간에서 책을 읽으며 휴식을 취하고 있었다. 우리도 짐을 풀고 가까운 강가로 내려갔다.

빙하가 녹아 내려온 강물은 얼음보다 차가웠다. 처음엔 손을 담그기만 해도 계곡을 울리는 비명을 지를 정도였지만 모두 그 빙하물로 세수하고 발을 씻었다. 트랙에서 첫 번째 식사를 마치고 밀포드의 첫 날을 마무리하며 모두 각자만의 시간으로 들어갔다. 온전히 자기하고만 보내는 시간이 점점 더 좋아지고 있었다. 몇몇은 스트레칭을 하고 누구는 일기를 썼다. 어떤 이는 침상에 앉아 명상하고 또 다른 이는 오두막 주위를 산책했다. 밤 10시가 넘도록 어두워지지 않는 산장의 해는 길었다.

밀포드의 첫 날밤, 나는 별이 뜨기를 기다리다가 까무룩 잠이 들었다.

Memo

숙소(Hut)에 도착한 순서대로 맘에 드는 침상을 맡을 수 있다. 출입문에 가까운 침상은 피하는 게 좋다. 오가는 사람들의 소음도 문제지만 샌드플라이의 공격에 가장 취약하다. 숙소 레인저를 따라 습지를 걸으며 밀포드의 자연과 생태에 대한 설명을 들어보라. '이끼는 지구상에서 최초로 육상생활에 적응한 식물이며 2만3천여 종류가 있다'와 같은 딱히 쓸데없지만 흥미로운 것을 알게 된다. 좋은 게 뭐냐고? 밀포드를 흠뻑 느끼고 볼 수 있다. 아는 만큼 보이는 거니까.

∧ 클린톤 강 하류. 오두막에 묵다보면 강에 내려가 씻는 일에 익숙해진다.

퇴치제를 든
대천사 미카엘

▲ RESET KEYWORD
천사는 있다

민타로 산장까지 16.5킬로미터를 걷는 날이다. 한국에서 날다람쥐처럼 산을 오르는 사람들에게는 비교적 평평한 길이라지만 밀포드 트레킹을 한 사람들은 둘째 날이 가장 힘들다고 했다. 첫 날 평지 5킬로미터를 걸으면서도 배낭에 눌려 할미꽃 각도로 허리가 휘었는데 오늘은 16.5킬로미터 산길이라니! 출발을 앞두고 원정대 공기가 팽팽해졌다.

간단하게 오트밀과 비스킷 조각으로 아침을 해결하고 출발하는 서양 친구들을 지켜보며 우리는 누룽지를 끓였다. 한국사람은 밥심이라고 하지 않던가? 든든히 배를 채운 후 점심으로 먹을 고칼로리 랩을 만들었다.

조리가 필요한 식사를 하고 살뜰히 다음 끼니를 챙기며 아침 시간을 쓰는 것은 오늘 밤에도 좋은 자리의 침상을 포기한다는 의미다. 조용하고 빨래 말리기 쉬운 자리는 숙소에 빨리 도착한 사람들 차지가 될 것이다.

"여기까지 와서 속도경쟁은 하지 말자!"

제법 철학적인 명분을 찾아낸 후 치즈 덩이와 살라미를 초콜릿 스프레드와 꿀로 버무려 하나당 1천 킬로칼로리는 족히 넘을 랩을 만들었다.

깊고 두터운 숲길. 고사리가 나무처럼 자라고 이끼는 거목을 덮고 있다. 원시림을 걷는 동안 푹신하게 땅이 밟히는 소리와 숨소리가 번갈아 들려왔다. 고요함이 압도하는 숲길에서 유쾌한 사귐을 청한 존재는 로빈이었다. 로빈은 친절하고 호기심이 많은 새다. 걷다가 멈추면 다가와 등산화 위로 올라와서 빤히 지켜보기도 했다. 노래하기보다 말하는 새 로빈은 클린톤 계곡에 살고 있었다.

6킬로미터쯤 가면 산사태로 강을 막아 생긴 호수 데드 레이크 Dead Lake 가 있다. 호수에는 너도밤나무가 잠겨 있고 장어와 송어가 헤엄치는 것이 보였다. 간혹 낚시를 하는 사람도 있다는데 호수에 사는 것들은 커도 너무 커서 먹기는 좀 두려울 듯했다. 기다란 수염이 난 송어가 흰수염 신령님으로 변했다든지 커다란 장어가 알고 보니 아나콘다 새끼라서 앙갚음을 당한다든지 뭐 그런…. 너무 큰 동물은 먹는 게 아닌 영물이라는 얘기가 있지 않던가? 아님 말고.

　　1천 미터가 넘는 바위산이 만년설을 이고 서 있는 계곡. 빙하가 녹아 생긴 폭포는 음표를 그려 넣은 듯 일정한 간격으로 수없이 흘러내렸다. 걷다 보면 갑자기 우루루쾅~ 천둥소리가 계곡을 울렸다. 비가 올 리 없는 창창한 날의 눈사태였다. 어떤 분께서 "있으라~" 해서 만들었다는 자연을 도저히 사람의 말로는 표현할 길이 없다는 생각을 하며 걸었다.

　　길에는 실제로 산사태가 빈번한 지역이라는 경고 팻말이 자주 등장했다. 서 있거나 멈추면 위험하다는 말인데 산사태가 아니라도 멈추어 풍경을 감상한다는 것은 불가능한 일이었다. 걸음을 멈추면 샌드플라이가 맹렬히 달려들었다. 아~ 감탄이 조금이라도 길어졌다가는 샌드플라이 시체를 코 풀고 뱉어내야 했다. 발이 떨어지지 않을 만큼 아름다운 풍경에 잠시나마 머물 수 없다는 사실은 너무 가혹하다.

　　히든 레이크Hidden Lake를 지나 쉼터가 나타났다. 자리 잡고 쉴 엄두를 내지 못하고 걷다 보니 점심때가 한참 지난 뒤였다. 우린 몹시 시장했고 에너지는 거의 바닥이었다. 먹기는 먹어야 했다. 샌드플라이 폭격을 피해야 하는 병사였다. 절박하게 엄마와 하느님을 번갈아 불렀던 것 같다. 그때 천사가 나타났다. 우리가 꺄아악~ 까마귀 떼 소리로 들릴 법한 비명과 함께 빠르게 우슈 동작을 하면서 점심을 먹던 때였다.

∧ 눈 앞에서 스스로 꺾여버린 나무. 그 나무를 지나는 자세.
∧ 공생. 나무를 덮고 자라는 이끼.

"제가 도울 일이 있을까요?"

우리를 발견한 천사는 로스엔젤레스에서 온 마이클이었다. 일곱 명이 퇴치제 한 병으로 버티고 있다는 얘기를 듣더니 경악했다.

"샌드플라이에 뜯겨 살아나갈 수 있을지 걱정이에요."

패닉상태에 빠진 우리의 반응은 대체로 이랬던 것 같다. 그는 가이드 프로그램으로 걷고 있다고 했다.(개별 트레킹 오두막 비용의 딱 10배만 내면 샤워시설이 완비된 롯지에서 숙식을 하는 얼티밋 하이츠Ultimate Hikes 의 가이드 프로그램을 이용할 수 있다.) 밀포드 트레킹을 마칠 때까지 어떻게 해야 할지 걱정이 태산이었는데 그가 머무는 롯지에서 샌드플라이 퇴치제를 구할 수 있다는 것이 아닌가!

"롯지로 와서 마이클을 찾아요. 친구라고 하면 날 불러줄 거예요. 내가 약을 줄게요!"
'오~ 하느님 부처님 알라 신령님 조상님 그리고 엄마, 고맙습니다!'

폼폴로나 롯지로 마이클을 찾아가 퇴치제를 구해 오는 일은 박팀장이 맡았다. 그는 남성대원 중에 한 살이라도 젊고 영어 되는 매력 싱글남이다. 대체 왜 이게 퇴치제를 구하기 위해 왕복 2킬로미터를 더 갔다 와야 하는 이유가 되는지는 모르겠지만 아무튼 우리는 그런 이유로 박팀장을 떠밀었다. 원정대를 위해 필요한 것은 일단 리셋반지가 아니라 샌드플라이 퇴치약이다.

"반드시 구해 돌아오겠습니다!" 굳은 맹세였다.

롯지에 들어서니 시원한 실내에는 얼음물과 오렌지 주스가 세팅되어 있었다고 한다. 사람은 없고 아마도 잔잔한 음악이 흘렀다나 뭐라나. 박팀장은 사막에서 오아시스를 발견한 사람처럼 얼음물과 오렌지 주스를 따라 벌컥벌컥 마셨다. 아무리 보다 죽어도 여한이 없을 아름다운 경치라지만 여름 햇볕 아래 15킬로미터를 걸은 후였다. 아무도 없고 얼음물과 시원한 주스가 있는 롯지는 천국이었을 게다.

"Anybody here…? 아무도 안 계신가요?"

불러도 인기척이 없으니 더위를 식히며 기다려 보는 수밖에 없었다. 유니폼을 입은 여성이 나타나 막중한 사명을 띠고 파견된 박팀장을 발견했을 때 그는 여유 있게 얼음이 동동 떠 있는 오렌지 주스를 마시고 있었다.

"아… 안 돼…주스…!"
"안녕하세요?"
"누구세요? 무슨 일이죠?"
"LA에서 온 마이클을 찾습니다."

그녀는 대답은 듣지도 않고 울상이 되어 박팀장으로부터 주스잔을 빼앗았다. 롯지에 묵는 사람들을 위해 세팅해 둔 것이라며, 트레킹을 마치고 도착하는 사람들이 마실 음료인데 그걸 마시면 어떻게 하냐고 나무랐단다. 그녀로서는 준비해 두고 잠시 자리를 비운 사이 엉뚱하게 누군가 들어와 태연히 주스를 마시고 있었으니 속이 상할 만도 했다.(그래도 그렇지 목마른 자에게 물을 주라는 성경말씀도 있건만 그렇게 야박하게 할 것까지야!) 하여튼 그녀가 박팀장의 매력에 끌려 주스와 물을 대접하는 일 따위는 벌어지지 않은 것이다.

롯지에 있는 샌드플라이 약은 외부인에게 팔거나 줄 수 없다는 말에 실랑이가 길어졌다. 어쩐 일인지 마이클은 만나지 못했지만 박팀장은 LA에서 온 마이클의 친구를 찾아서 기어코 퇴치제를 구해 왔다.

여기서 잠깐, 세상에 마이클이라는 이름의 사람이 어디 한둘인가? 약을 구해 준 그 사람은 과연 우리가 만났던 바로 그 마이클의 친구였을까? 혹시 우리가 '만났다고 생각한' 마이클이 진짜 천사는 아닐까? 대천사 미카엘(마이클)은 박팀장을 주스와 얼음물이 흐르는 곳으로 인도하여 편히 쉬게 하고 필요한 약을 얻게 해 주었다. 게다가 그는 로스엔젤레스에서 왔다고 하지 않았던가!(Los Angeles란 천사의 도시란 뜻이다. LA를 생각하면 어처구니없는 이름이지만.)

우린 천사를 만난 게 틀림없다고 생각했다. 민타로 헛으로 가는 길에 대천사 미카엘이 샌드플라이 퇴치제를 들고 강림한 것이다. 샌드플라이에 물려 죽을지도 모를 화를 피하긴 했지만, 만약 평생 누릴 행운 총량이란 게 있다면 이번에 너무 많이 써버린 셈이다. 로또에 당첨될 가능성 따위는 아예 잊기로 했다.

수만 년 아득한 시간 동안 자라나 엉키고 꺾이며 쓰러져 썩고 다시 자라난 숲.
인간의 발걸음을 허락한 지 채 백년도 되지 않은 울조츠롤.

민타로 호수

∧ RESET KEYWORD
순간에 머물라

"가끔은 찍지 않아. 어떤 순간은 오로지 나만을 위해, 카메라로 방해받고 싶지 않아. 그저 순간에 머물고 싶지."

영화 『월터의 상상은 현실이 된다The Secret Life of Walter Mitty』에서 전설적인 사진가 숀 오코넬이 평생 찾아 헤매던 눈표범을 앞에 두고 한 말이다. 그날, 민타로 호수Lake Mintaro에 도착했을 때 미동도 없이 얼어붙었던 제이가 탄식과 함께 쏟아낸 명대사이기도 하다.

각오했던 것보다 힘든 날이었다. 캡틴은 계속 내 배낭에서 무언가를 꺼내 자기 배낭에 넣으며 내 짐을 줄였다. 제이는 뒤처지는 내가 보일 때까지 기다렸다가 다시 가곤 했다. 너무 지친다 싶을 때 우리는 공연히 웃었고 과장해서 유쾌한 얘기를 나누곤 했다. 함께인 사람들의 에너지에 기대서 겨우 민타로 산장에 도착했다.

"씻을 수 있는 호수가 가깝대."
"안 갈래. 못 가겠어. 그냥 꼼짝도 하기 싫어."
"그래도 씻자. 그럼 좀 나아질 거야."

힘들고 피곤하니 얼마간은 짜증스러웠다. 움직일 기력조차 없는데 몸을 씻기 좋은 호수가 대수랴 싶었지만, 친구들을 외면할 수는 없었다. 대책 없는 구멍인 나를, 싫은 내색 없이 끌고 밀고 어르며 온 친구들이 아니던가. 따라나섰다.

제이는 영화 속 숀 오코넬만큼은 유명하지 않지만 좋은 사진을 찍는 한국의 저널리즘 사진가다. 우리가 민타로 호수를 마주하고 바위산 절벽을 병풍으로 한 스카이라인을 바라볼 때, 환호성을 지르며 흥분으로 경중거릴 때 그는 충격을 받은 사람처럼 얼어붙어 멍한 표정을 지었다. 파란 하늘 아래 반짝이는 모래밭을 향해 기둥처럼 멈춰 서 있던 그에게 우리도 월터처럼 같은 질문을 했던 것 같다.

"왜 사진 안 찍어요?"

수정처럼 맑다는 말을 실감하게 된다. 하늘과 산이 통째로 들어 있다.

"카메라로 방해받고 싶지 않아요. 그냥 이대로 있을래요."

평소 심각한 분위기라면 질색을 하는 제이인데 놀랍게도 웃음이 전혀 섞이지 않은 얼굴이다. 영화를 본 후에 눈표범이 나오는 장면이 현실적이지 않다며 동의할 수 없다던 그였다. '순간에 머물고 싶다'는 말을 이해하게 만든 곳은 민타로 호수다.

여자들은 단체로 스키니딥핑skinny-dipping에 도전했다.

"이해할 수 없는 행동이야. 꼭 그럴 필요는 없지 않을까?"
"하지만 오늘 여기서 저 호수에 들어가지 않으면 왠지 평생 후회할 것 같아."

망설였고 어떻게든 피해보려 했지만 결국 우리는 스텔라에게 동의했다. 옷을 벗고 뛰어들었다. 만년설과 빙하가 녹아내린 호숫물 체감온도는 빙점이었다. 얼음 슬러시에 마비된 척추를 타고 머리 위까지 차갑고도 뜨거운 전류가 흘렀다. 정신이 나간 사람들처럼 빙하호수에 풍당풍당 몸을 담그며 우리는 계곡을 울리는 비명과 탄성을 질렀다. 땀과 지난 시간들이 떨어져 나갔다.

침상 위치를 탓할 새도 없이 눕자마자 잠이 들었다. 한밤중에 화장실에 가고 싶어 깼는데 창밖이 환하다.

'누가 랜턴을 매달아 둔건가'

비몽사몽. 천근만근 눈꺼풀을 들고 밖으로 나오다가 난 너무 놀라 그 자리에 주저앉았다.

별.
별.
별….

별이 산장 마당에 가득 들어와 있었다. 별은 내 코앞에 있었고, 머리 위에 있었고, 어떤 별은 뺨에 닿았다. 무수히 많은 별, 너무 밝고 커서 무서울 지경인 별. 산장을 덮은 하늘과 산 위에서 별이 내려왔다. 별은 저 멀리서 반짝이는 것이 아니었다. 별이 바로 내 옆에서 쿵쿵 심장 뛰는 소리를 내고 있었다.

난 그때 조금 울었던 것 같다. 세상에, 내가 정말 우주에 살고 있었다!

Memo

민타로 산장에서는 소지품에 주의해야 한다. 근방 숲에는 등산화 하나쯤은 너끈히 물고 날아가는 새 키아Kea가 많다. 키아는 머리가 좋고 힘이 세서 무엇이든 물어간다. 신발끈을 서로 묶어 무겁게 만들어 두거나 오두막 안으로 들여 놓지 않으면 맨발로 트레킹을 해야 할지도 모른다. 수집 취미가 있는 새라 등산스틱을 끌고 가려고 안간힘을 쓰기도 했다. 키아로부터 소지품을 지키시라.

∧ 민타로 호수의 밤 혹은 석양녘. 실제 모습의 1만분의 1도 보여 주지 못하지만, 멀리서 찍은 단 한 장의 사진이 남아 있다. 해가 지지 않았으니 오후 10시는 밤이라 할 수 없으려나?

태초 이래
시간이 멈춘 곳

∧ RESET KEYWORD
우주 체험

"평생 잊지 못할 하루가 될 겁니다."

레인저가 한 말이다. 정상에 오르는 날, 해도 뜨기 전에 몸이 스프링처럼 튀어 올랐다. 후줄근하게 늘어진 우리 일상을 견딜 수 없게 만들어 버렸던 한 장의 사진. 이곳을 향해 가방을 싸게 만든 그 사진 속 광경을 실제로 볼 수 있는 날이 왔다. 우리를 매혹한, 초현실적인 아름다움 속으로 걸어 들어가 그곳의 일부가 될 날이다. 맥박은 평소보다 두 배쯤 빨라졌다.

숲은 어스름한 푸른빛이다. 영화 『쥬라기공원』과 『아바타』에서 봤던 숲을 벗어난 후엔 지그재그로 한참동안 오르막길이 이어진다. 맥키논 패스는 빙하로 깎아놓은 가파른 협곡의 중심부에 있다. 맥키논 봉우리를 둘러싸고 있는 하트 산, 벌룬 산, 엘리엇 산, 산, 산, 산, 산들은 머리부터 어깨까지 만년설을 두르고 있다. 설산은 이따금씩 돌풍 소리와 함께 눈 소용돌이를 만들어 하늘로 쏘아 올렸다. 까마득하고 웅장한 아름다움. 두 발로 오르면서도 실감할 수 없는 존재였다.

언덕길 야생화가 눈처럼 흰색으로 피어 있다. 정신이 아득해질 만큼 파란 하늘과 눈보라에 정신을 팔려 몇 번을 미끄러졌다. 바위는 이끼로 미끄러웠다. 아름답긴 해도 영원히 이 협곡에 남고 싶지는 않았으니 정신을 바짝 차려야 했다.

"트레킹 중 가장 어려운 구간은 지났으니 오늘은 수월할 거예요."

양 볼이 빨갛게 튼 개구쟁이 얼굴을 한 레인저가 어제 저녁 분명히 그렇게 말했는데 웬걸! 오르막은 예상보다 길었다.

"다 왔어요. 바로 정상이에요."

산행을 하며 만났던 사람들은 누구라도 이런 거짓말을 했다. 산사람의 거짓말은 세계 공통임이 틀림없다.

눈도 하얗고, 꽃도 하얗고(알파인 꽃에는 향기가 없다고 한다. 눈에 잘 띄는 색으로 곤충을 유혹해 가루받이를 한다.) 머릿속도 하얗게 비워졌을 때쯤 몸을 확 젖히는 엄청난 바람이 몰려왔다. 맥키논 기념비가 눈에 들어왔다. 밀포트 트랙을 처음 개척한 맥키논을 기리기 위한 석탑이 있는 곳. 사진으로 수없이 봤던 바로 그 장면이었다. 드디어 정상이다.

태초 이래 시간이 흐르지 않은 곳. 실제로 땅을 딛고 서서 두 눈 가득 들여놓은 풍경은 사진에서 봤을 때보다 훨씬 더 비현실적이었다.

"드디어 왔어. 믿어지질 않는다."
"꿈만 같다. 말도 안 돼."
"우리 정말 여기 온 거지?"

바보들처럼 서로 얼굴을 보면서 같은 말을 했다. 1천 미터가 넘는 산의 고산호수와 작은 연못은 얼음거울처럼 빛났다. 설산이 업고 있는 하늘 구름은 타임랩스로 찍은 영상처럼 순식간에 모양을 바꿔 흐른다. 고산 초원지대에서 자란 풀자락은 바람이 눕히는 대로 언덕을 따라 황금물결을 만들었다.

민타로 산장에서 만질 수 있을 만큼 가까이 내려온 별들은 내게 "네가 사는 곳이 우주야"라고 속삭이더니 몇 시간 만에 태초의 공간으로 옮겨진 기분이다. 시간의 고리를 잡고 있다는 착각에 빠졌다. 맥키논 패스의 우주체험이라니. 그 다음부터는 말을 잃었다. 다시 한 번, 내 잘못이 아니다. 초현실적인 풍경을 사람들의 소심하고 쩨쩨한 언어로 설명할 수 있다면 그게 더 이상한 일이 아닌가?

∧ 밀포드 트랙의 정상 맥키논 패스. 밀포드 트랙을 처음 개척한 맥키논 추모기념비가 있다.

몸에 새긴
캐러멜의 기억

∧ RESET KEYWORD

몸

아쉬움이 등산화를 뚫고 뿌리내리고 있었다. 두 발이 떨어지지 않는다. 바람은 내 몸을 통째로 흔들고 돌리고 밀어댔지만 더, 조금만 더 머물고 싶었다. 바람이 심한데다 언제 기상이 변할지 몰라 위험하다는 경고가 있었지만 일행만 아니라면 그곳을 떠나오기는 힘들었을 것이다.

맥키논 패스 꼭대기를 지나자 협곡을 마주하는 대피소가 나타났다. 절묘한 지점이다. 이 대피소를 지은 사람에게 축복이 있기를! 휘몰아쳐서 당장이라도 쓰러트릴 듯하던 바람을 살짝 가리며 등지고 있었다. 덕분에 사람들은 마음 놓고 넋을 잃고 서서, 앉아서 한참동안 클린톤 협곡을 바라보았다. 녹음과 푸름을 덮은 그랜드 캐넌이었다.

"들어가서 쉬었다 가자. 너무 추워."

허교수는 풍광에 정신을 잃어 몸이 얼었다는 것도 잊고 있는 나를 잡아당겼다. 밖에 머물고 싶어 하는 마음을 다그쳐 어기적어기적 안으로 들어갔다. 밖에서 볼 때는 멋없이 뚝딱 올려놓은 바람막이었는데 대피소에는 스토브까지 있는 게 아닌가. 스텔라가 물을 끓이기 시작했다. 불과 1분 전까지도 기대하지 못했던 뜨거운 커피를 마실 수 있다는 뜻이었다. 다시 한 번 이 건물을 지은 사람에게 축복이 있기를!

"아, 맞다. 캐러멜 몇 개 남았어."

그 순간 허교수가 내 눈에는 레이디 산타클로스로 보였다. 노란 껍질에 싸인 일제 캐러멜. 어렸을 때 착한 일을 하면 하나씩 상으로 받아 먹었던 캐러멜이었다. 우리는 잘 굽혀지지 않는 두 손을 모아 내밀고 양순하게 하나씩 배급받았다. 제이가 챙겨온 케냐 커피향이 대피소를 가득 채웠다. 생애 최고의 커피였다.(최고라는 말을 지겨울 만큼 하고 있다는 사실은 나도 안다. 하지만 어쩌겠는가? 최고를 최고라 말하는 수밖에.) 커피가 들어가니 그제야 몸이 녹고 피가 제대로 돌기 시작한다. 캐러멜 껍질을 벗기고 네모반듯한 그 달콤한 것을 혀 위에서 커피와 함께 녹였다. 컵을 두 손으로 감싸들고 눈을 감은 채 나는 마치 '커피와 함께 캐러멜 먹

∧ 맥키논 패스. 사진을 찍던 남자가 발을 헛디딜까 얼마나 조마조마 하던지.

∧ 남반구의 알프스. 하늘로 오르는 길.

기' 매뉴얼이라도 쓰고 있는 사람처럼 한 동작마다 감각을 새겼다. 평생 잊을 수 없을 맛이다.

"상처를 꿰매기엔 좀 늦었습니다."
"피가 많이 났을 텐데… 세상에…."

그날 의사선생은 다리에 연신 소독약을 부었다. 살점에 핏덩이와 함께 엉겨 붙은 타이즈 조각을 핀셋으로 하나씩 떼어낼 때마다 정강이뼈가 타는 것 같았다.

초등학교 시절 엄마 몰래 나가서 놀다가 맨홀에 빠진 적이 있다. 어찌어찌 친구들이 끌어내 주었는데 쇠파이프에 정강이뼈 부분이 깊게 찢기며 파여 피가 많이 났다. 왜 집으로 돌아와 그냥 이불 속에 숨었는지는 기억나지 않는다. 피아노 레슨을 간다고 거짓말을 하고 놀러 갔던 거였나? 확실치 않다. 모두 잊었다. 하지만 아직도 오른쪽 정강이에 남은 송충이 모양의 상처를 누르면 엉치뼈까지 찌릿한 느낌이 온다. 상처를 문지르면 그날의 기억도 고스란히 떠오른다. 이불 속에서 펄펄 끓던 몸, 끙끙거리던 나를 발견하고 놀라던 엄마의 눈, 나를 업고 뛰던 아빠의 등과 숨소리, 몸은 그렇다. 몸에 새겨진 기억은 집요하다.

우리는 맥키논 피크 대피소에서 노란껍질에 싸인 캐러멜을 먹었다. 그날 이후 캐러멜은 이를테면 '밀포드 호출'이라는 특별 효능을 발휘한다.

몸의 기억은 머리의 그것과는 차원이 다르다. 몸에 새겨진 감각은 애쓰지 않아도 저절로 떠오른다. 노란 껍질 캐러멜과 함께 마시는 커피 한 잔은 즉각적으로 얼어 있던 손끝, 녹아내렸던 짜릿함을 차례로 불러온다. 클린턴 캐년의 절벽이 눈앞에 펼쳐지고 마운트 쿡 릴리가 피어난다. 몸의 기억은 힘이 세다. 언제나 머리보다 생생하다.

나로 살자,
무엇이 되기 위해 살지 말고

RESET KEYWORD

나

　　엘리엇 피크를 마주보는 하산길. 산을 가로지르던 바람은 자꾸만 나를 왼쪽 낭떠러지로 밀어냈다. 발아래 거친 돌부리에 걸리지 않으려면 초긴장 모드여야 한다. 바닥을 살피느라 내려가는 길은 마음만 바쁠 뿐 엉금엉금이다. 등산 스틱으로 짚어가며 땅만 쳐다보다가 머리를 들어 앞서 가는 친구들을 보았다. 앞선 원정대는 그림처럼 펼쳐진 계곡을 점처럼 유유히 흘러가고 있었다.

　　멀리 있는 내 눈에는 그들이 걷는 길 옆 가파른 절벽이나 돌무더기가 보이지 않는다. 분명 박팀장과 캡틴도 낭떠러지를 피하며 돌부리 위로 걷

∧ 클린톤 협곡에 피어 있는 고산화.

고 있을 텐데, 브리아나와 제이도 이끼에 미끄러지지 않으려 후들후들 두 다리를 다잡아 내려가는 중일 텐데, 여기서는 그저 보기 좋은 풍경일 뿐이었다.

　자기가 걷는 길을 풍경으로 바라볼 수 있는 사람은 없다. 우리가 걷는 길은 보는 길과는 달랐다. 돌무더기만을 지나왔다 했는데 그때가 바로 웅장한 산에 들어 있었던 것이다. 입을 다물지 못했던 초현실적인 풍경이 그 길을 걷는 이에게는 한 치 앞의 낭떠러지였고 이끼가 덮인 돌이었다. 살아가는 것도 그럴 것이다. 우리가 인생에서 지나야 하는 길은 너덜길이면서 동시에 장엄한 풍경일 게다.

한 번도 사람의 눈길이 닿지 않았을 곳에 꽃이 피어 있었다. 깊고 높은 산, 어마어마한 산맥의 구석에 핀 그 꽃의 얼굴을 바라봐 준 사람이 있었을까?

"안녕? 난 한국에서 왔어."
"……."

대체 왜 그랬는지. 난 멀쩡한 정신으로 돌부리 아래, 음지 기슭에 핀 꽃에게 인사를 건넸다.(물론 어린왕자 행성의 장미처럼 대답을 하거나 그러는 꽃은 하나도 없었다. 그러리라 기대한 것도 아니고.) 거대한 산은 하나하나의 돌이고 한 송이 한 송이의 꽃이라는 생각을 하는 순간 그냥 그렇게 했다. 말로는 할 수 없는 멋진 뷰view, 죽기 전에 걸어야 할 길에 누구 하나 봐주지 않아도 묵묵히, 죽을힘을 다해 피어난 꽃과 풀이 있었다. 자기가 산이라는 것을 알지 못한다 해도 꽃은 산이다. 흔해 빠진 돌이라고만 여겼던 돌이 바로 산이었다. 거대한 존재를 만드는 작고 위대한 존재가 지천이었다. 산이 되려고 할 필요 없이 꽃과 돌 그대로 충분하듯 나도 그렇게 살면 될 일이었다.

'나로 살자. 무엇이 되기 위해 살지 말고.'

Memo
맥키논 패스 정상은 기후변화가 심하다. 갑작스러운 우천에 대비하여 여벌의 마른 옷을 준비하고 체온 유지에 신경 써야 한다.

사정없이 절벽으로 밀어내던 바람을 견디며 안간힘을 쓰던 순간인데, 어쩜 이렇게 평화로워 보일까? >

I walk you,
나는 당신을 걷습니다

∧ RESET KEYWORD

걷다

구불구불 가파른 계곡이 이어졌다. 초현실적으로 느껴졌던 풍경에 실제로 걸어 들어가 몸에 새겨 넣었으니 기분은 우주선이라도 탄 듯했지만 몸은 한계에 다다르고 있었다. 더없이 쾌청한 날씨에 뜨거운 햇볕도 한몫을 했다.

"밀포드에는 매일 비가 와."
"여기 수십 번도 넘게 올랐는데 이렇게 맑은 날은 처음이야."

맥키논 패스에서 마주쳤던 트랙가이드도 처음이라고 할 만큼 흔치 않은 날씨였다. 밀포드는 비가 자주 내리는 곳이라고 했다. 오죽하면 밀포드 숲의 이름을 레인포레스트Rainforest라고 했겠는가. 트레킹 중 비를 한 번도 맞지 않았다는 말을 듣는 사람마다 너무 운이 좋았다며 "로또를 샀어야 했다"고 할 만큼 흔치 않게 좋은, 그러나 뜨거운 날이었다.

깎아지른 절벽을 벗어나니 폭포길이다. 앤더슨 폭포를 시작으로 더드라이, 린지, 그리고 꽃처럼 돌처럼 굳이 사람이 붙인 이름이 필요 없는 수많은 폭포가 계속 나타났다. 우리는 자주 멈춰서 폭포 물을 받아 마시고(밀포드 트레킹 중 물은 가지고 다닐 필요가 없다. 목이 마르면 가까운 곳에 있는 강, 폭포, 작은 냇가 어느 곳에서든 물을 떠서 그냥 마시면 된다.) 얼굴과 몸을 적셨다.

어떤 공연에서든 헤드라이너가 맨 마지막에 등장하는 것처럼 폭포길도 마찬가지였다. 밀포드 트랙 하이라이트의 마지막 폭포는 미처 보이지 않을 정도로 멀리 있는 우리를 향해 벌써부터 천둥처럼 큰 소리를 지르고 있었다. 세계 7대 폭포라고도 하는 서덜랜드는 자그마치 580미터 높이에서 3단으로 떨어져 내린다.(제주도 천지연폭포의 스물여섯 배가 넘는다. 산꼭대기 빙하가 녹아서 생긴 퀼 호수가 절벽을 타고 떨어지며 만드는 폭포의 전체 모습은 비행기를 타고 항공에서만 볼 수 있다.) 가늠할 수 없는 에너지. 사납게 덮쳐 오는 물보라에 몸은 당장 내동댕이쳐질 듯 했지만 기묘하게 힘이 솟았다.

서덜랜드 폭포는 비행기를 타고 하늘에서만 제대로 전체 모습을 볼 수 있다. 자그마치 580미터 높이의 세계 7대 폭포.

'나는 이제 당신을 봅니다' 영화 『아바타』에 나오는 명대사다. 'I see you'는 다른 존재에 대한 받아들임과 경외를 포함한 사랑의 표현이다. 영화를 보면서 나는 그 멋진 함의에 전율했었다. '당신을 본다', ' 나는 존재로서 당신을 바라봅니다' 그보다 더 멋진 표현이 또 언제 있기는 했었던가? 별로 기억나지 않는다. 물론 '본다'는 눈으로 바라보는 것을 의미하지 않는다. 존재를 관통하는 수용과 이해를 '바라본다'고 말하는 그 비유보다 더 적합한 표현은 없다고 생각했다. 그런데 이제는 아니다. 밀포드 이후 그렇게 되었다. 이제는 더 좋은 말을 안다.

바라보는 산은 아름답다. 하지만 그것은 어쩌면 진짜 산이 아니다. 산에 들어가 걷는 이에게 산은 더 이상 거대하고 웅장하기만 한 존재가 아니었다. 너무 아름답고 장엄해서 비현실적이었던 존재는 사실 무수한 돌멩이였다. 바람에 몸을 떠는 풀포기였고 시간을 감고 자란 나무였으며 개울이고 폭포였다. 산은 거대한 하나의 덩어리가 아니라 그 안의 모든 것이었다.

두 발로 걸어 들어가 땀을 뿌리며 오르내려야 비로소 진짜 산을 만날 수 있다. 생생하게 관계 맺고자 한다면 바라보는 것으로는 충분치 않다. 존재는 바라보는 것만으로는 만날 수 없다. 카메론 감독이 '아바타II'를 만든다면 기꺼이 드리고 싶은 대사가 있다. '나는 당신을 걷습니다. I walk you.' 내게 진정한 만남은 몸으로 걷는 것이다.

목표지점은 언제나 기대보다 멀기 마련이다. 그렇다 해도 덤플링 헛 Dumpling Hut으로 가는 마지막 3킬로미터는 뫼비우스의 띠에 올라와 있는 길처럼 가도 가도 끝이 없었다. 발톱이 빠져 나가는 듯한 고통으로 걷기가 힘들었지만 잠시라도 앉았다가는 다시 일어날 수 없을 것만 같았다. 선 채로 스틱에 의지하며 쉬어야 했다. 레인저의 말이 떠오른다. '밀포드 3일차는 평생 잊을 수 없을 거야.' 그가 말한 잊을 수 없는 것 속에는 고통도 포함돼 있었다!

시공을 초월하는 극치감을 맛본 생애 최고의 날. 몸은 더 이상 나아가길 거부하고 있었다. 버티고 버티다가 결국은 주저앉아 얼굴을 묻었다. 시간이 얼마나 흘렀을까? 사람들의 목소리가 들려왔다.

"Hey~ 괜찮은 거야?"
"여기서 뭐하는 거야?"

가까운 강에서 씻고 오는 사람들이었다. 고개를 들어보니 이럴 수가. 거짓말처럼 덤플링 헛 입구다. 탈진한 상태에서 포기하는 심정으로 주저앉았던 그 자리가 바로 오두막 앞이었다니! 아까는 보이지 않았던 팻말이 바로 코앞에 있었다.

∧ 폼폴로나 평원 바위산을 끊임없이 흘러내리던 실폭포. 비가 내리면 폭포는 더 우람해지겠지.

여름 성탄절,
디오니소주 마시며

∧ RESET KEYWORD

축배

"아무래도 발톱이 빠진 것 같아요."

브리아나가 울면서 오두막에 도착했다. 언제나 선두로 걷던 브리아나와 캡틴은 폭포를 지나 샛길로 돌아서 더 걷고 오는 길이었다. 등산화를 벗기고 양말을 들춰 보니 다행스럽게도 발톱이 빠진 것은 아니었다.(브리아나의 발톱은 결국 원정을 마친 후 빠졌다.) 스텔라는 말하는 법을 잃은 사람처럼 한 마디도 없이 들어와 옷을 입은 채 침상에 쓰러졌다. 며칠간의 경험으로 씻고 나면 피로가 사라진다는 것을 알았지만 그날은 강가에 갈 엄두조차 나지 않았다. 모두가 기절한 듯 잠에 빠져 들었다. 깨어보니 밤 10시. 백야의 남반구 해는 아직 지지 않았고 성탄절까지는 시간이 남아 있었다.

밀포드 마지막 밤, 크리스마스 이브. 오두막에서 성탄전야를 보내는 일은 말하자면 오래 벼르던 일이었다. 밀포드 트레킹을 계획하면서부터 염두에 두었다. 예상대로라면 우리는 세상에서 가장 아름답다는 트랙의 하이라이트를 걷고 난 그 밤에 세계 각국에서 온 친구들과 함께 축하의 노래를 불러야 했다.

'크리스마스에는 축복을, 크리스마스에는 사랑을~'
그날을 상상하면서 나는 김현철의 캐럴을 흥얼거리곤 했었다.

특별할 것 없는 일상에 괄호를 쳐서 의미를 부여하는 것. 바라고 소망하던 추상적인 꿈을 당겨서 구체적인 경험으로 만드는 것이 이번 여행의 목적이다. 밀포드에서 성탄절을 보내고 싶다는 소망은 현실이 되었지만 입에서 캐럴이 터져 나오기는커녕 몸을 움직일 때마다 한숨에 걸리는 세 음절 소리만 새나온다.

'아이구' '아구구' '으으윽'

가까스로 일어났을 때 산타 모자를 쓴 이스라엘 친구들이 촛불을 밝히고 있었다. 하누쿠 기념의식이 그날 밤 축복의 시작이었다.

"메리 크리스마스~"

"해피 하누쿠"

 예수를 구세주로 믿고 안 믿고는 중요한 일이 아니었다. 덤플링 헛에 있던 사람들 모두 자신들이 밀포드 정상에 올랐던 날 밤을 기념했다. 게다가 트레킹을 마치게 될 내일은 지구상 가장 큰 축일이라는 크리스마스다. 레인저부터 오두막에 있던 사람들 모두 서로서로 축복하고 축복받았다. 이제 한국에서 모시고 간 디오니소주가 등장해야 할 시간이다. 제이의 배낭에서 이 순간을 밝히기 위해 기다렸던 디오니소주께서(디오니소스가 술과 축제의 신이라는 것은 아시리라 믿는다.) 축배의 시간을 밝혀 주셨다. 모두에게 딱 한 잔씩. 그걸로 충분했다.

 성탄전야 오두막에 계획했던 캐럴은 없었다. 캐럴을 부르기에 우리는 너무 지쳤고 서둘러 잠에 들어야 했다. 내일은 밀포드 트레킹의 마지막이다. 샌드플라이 포인트까지 18킬로미터를 가야 하는 날이다. 7시간 전에 출발하라고 했으니 우리에게는 아홉 시간이 필요하다는 얘기다. 지난 3일 동안 우리는 아무리 열심히 걸어도 어느새 나타나 계속 우리를 추월해 지나는 사람들을 봐야 했다. 이제까지는 덜 좋은 침상에서 잠드는 정도의 문제였지만 내일은 다르다. 시간에 맞추지 못하면 배를 놓치게 된다.

 새벽 5시 출발이다.

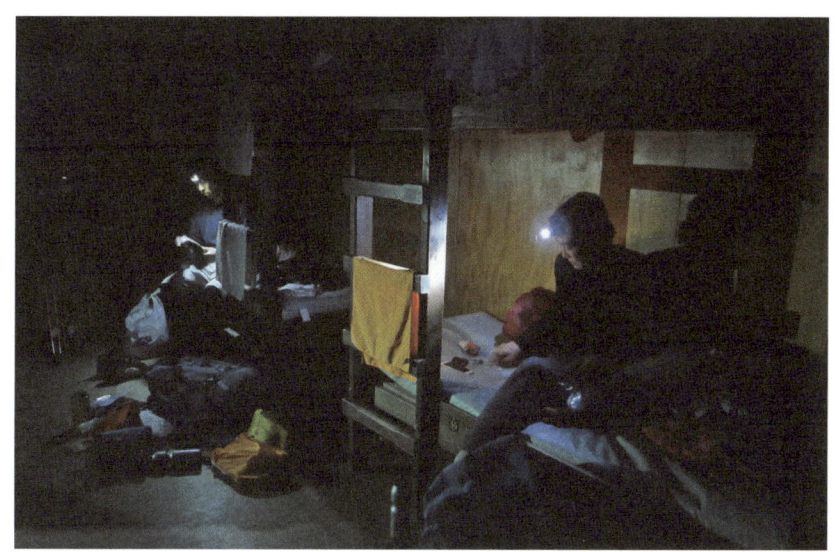

∧ 어둠 속에서 순례를 준비하듯 경건한 마음으로 양말을 신었다.

Memo

트랙 안내문에는 구간별 소요시간이 표기되어 있다. 매번 표기된 시간보다 더 걸렸다. 서양의 성인 남자 기준으로 예측한 것이라 체력 차이도 있겠지만 휴식, 식사시간을 포함하고 때때로 샛길로 빠져 호젓한 시간을 가지고 싶었다. 넉넉하게 계산하는 편이 안전하다.

밀포드
마지막 날

∧ RESET KEYWORD

끝까지 간다

눈을 붙였나 싶었는데 알람이 울린다. 묵언 수행 중인 사람들처럼 조용히 일어나 헤드랜턴을 켜고 짐을 챙겨 오두막을 나섰다. 순례를 나서듯 엄숙한 출발이었다.(트레킹을 하면서 가장 신기한 것은 피로회복의 속도였다. 단 한 발짝도 움직일 수 없을 것처럼 힘들고 아팠던 다리가 아침이면 걸을 수 있는 상태로 돌아왔다. 매일매일 난이도가 높아졌는데 믿기 어렵게 회복력도 그에 맞춰 상승했다.)

밤보다 더 어두운 숲을 랜턴으로 밝히기는 어려웠다. 이마에서 나간 빛이 닿는 자리만 겨우 엷어졌다가 바로 어둠에 덮였다. 앞 사람 등과 뒤꿈치를 비추고 흘러내린 빛이 내 발끝에 이어지도록 간격을 좁혀 걸었다. 한 여름이라도 해뜨기 전 숲은 방금 빙하호수에서 건져낸 듯 차갑고 물기가 가득해 축축했다.

어둠을 이고 휘청휘청 걷던 길이 한 순간 밝아졌다. 무성한 나무 사이로 빛이 들어오자 새들은 일제히 시끄러워졌다. 숲은 깨어났고 우리도 비로소 허기를 느꼈다. 사람도 본질적으로는 시계가 아니라 자연이 주는 신호에 따라 살아야 하는 동물이 아니던가. 해가 뜨고 나니 규칙적으로 걸음을 옮겨 놓던 몽롱함이 더없이 명료한 배고픔으로 바뀌었다.

"배고파. 뭐 좀 먹자."
"시간 없어. 초콜릿 먹으면서 조금 더 가자."

배가 고파지기는 사람이나 새나 마찬가지였다. 억지스러운 감정이입이라고 할 지도 모르겠지만 난 그날 초콜릿 바를 먹으면서 숲에서 새들이 주고받는 신호를 알아들을 수 있었다. 확실하다.

"해 떴어. 밥 먹자."
"그래그래. 벌레 먹자~ 배고프다!"

밀포드 4일차에 이르면 예기치 못했던 부작용 혹은 기능저하증상이 나타난다. 예전 같으면 바라보고 사진 찍느라 먹지도 걷지도 못할 풍경에 일정 정도 무감각해진다는 것이다. 매 순간, 매 걸음마다 나타나는 절경을 나흘쯤 보고 나면 비단처럼 흐르는 폭포의 아찔한 아름다움은 멈춰 머물 이유가 되지 않는다. 대신 이동시간을 적절히 안배할 수 있는 위치에 있는 쉼터가 훨씬 치명적인 매력으로 다가온다. 출발 후 세 시간쯤 맹렬히 걸어 도착한 맥케이 폭포 Mackay Fall가 그랬다. 아침 먹을 장소로 낙점하고, 달이 지기도 전부터 걸어야 했던 다리를 펴고 쉬었다.

포세이돈 크릭을 지나면서 본격적으로 추월하는 팀이 나타났다. 잠과 아침식사를 포기하고 일찍 출발해 걸어왔건만 어느새 나타난 사람들은 우리를 앞서갔다. 먼저 지나려는 사람들에게는 길을 비켜주면 될 일이다. 걷는 일은 애초부터 경쟁이 아니다. 출발과 도착지점이 있을 뿐 누가 빨리 가는가는 중요하지 않다.

길은 지나는 사람의 것이 아니라 그 위에 놓인 것, 살고 있는 존재의 것이었다. 거대한 숲, 세월을 안고 쓰러진 나무, 무수한 순간마다 피어나는 생명 그리고 자연 그대로 건너는 길을 만든 사람의 마음까지. 길에 있는 모든 것을 읽으면서 걷는 게 옳다.

'빠르게 걷기보다는 풍성하게 걷는 편이 낫다'는 생각으로 우리는 느린 걸음만큼 알뜰하게 느낄 수 있었다. 다른 이들보다 오래 걸렸으니 더 머물렀던 시간만큼 향유한 셈이다. 사람들이 빠르게 지나는 모습을 바라보며 우리는 함께 앉아 휴식했다. 세상도 그렇게 걷기로 한다. 서둘러 걷지

∧ 숲으로 가면 비울 수 있을 것만 같았다. 걸으면 비울 수 있을 줄 알았다.

않고 음미하며 자기 속도로. 따로 걷다가, 때로 함께 쉬며 위로하기로.

뉴질랜드에는 하루에 사계절이 다 있다는 말이 있다. 특히 여름이 그렇다는데 밀포드 트레킹 마지막 날은 유난했다. 자이언트 게이트에서 식수를 보충할 겸 마지막으로 함께 쉬는데, 윗니와 아랫니가 덜덜덜 부딪히며 말할 때마다 입김이 뿜어져 나왔다. 햇빛 아래에서는 머리가 돋보기 아래 먹종이라도 된 듯 지글지글 타는 여름이었는데, 몇 발짝 옆 나무 그늘 아래가 서늘한 가을인가 하면 보드라운 흙을 열고 돋아나는 봄이 가득한 트랙이기도 했다. 갑작스레 귀가 시린 얼음 바람이 불며 춥다가 덥고, 서늘한가 하면 따듯해지는 종잡을 수 없는 날씨였다.

"걷는 동안 완전히 비우고 싶어."

한국을 떠나면서 우리가 품은 소망이었다. 자연으로 들어가 오로지 자연이 되면 가득 차 있던 것들이 비워질 줄 알았다. 그런데 오히려 모든 것이 몰려왔다. 잊고 있던 아픔이 떠오르고 사소한 잘못과 걱정거리가 밟혔다.

20년 전 돌아가신 아빠의 마지막 눈빛이 떠올라 숨쉬기가 힘들기도 했다. 나뿐만이 아니었다. 샌드플라이 포인트까지 걷는 동안 누구는 도저히 용서할 수 없던 사람이 떠올라 힘들었다고 했고, 허교수는 엄마를 생각하며 "미안해 엄마"를 반복했다고 한다. 모든 상념이 차례로 몰려왔다. 평탄하고 폭신한 길을 마치 뻘밭인 양 힘들게 만드는 상념이 어깨를 눌렀다.

입지 않은 옷, 쓰지 않은 장비, 혹시나 해서 챙겨 넣은 것들은 쓸데없는 근심과 욕심의 증거로 배낭 속에 남아 있었다. 가볍게 걷자면, 가볍게 살자면 지니지 말아야 할 것들이었다. 어쩌면 걷는 동안 비운다는 것은 그렇게 이뤄지는 것인지도 모른다. 연기처럼 사라지는 것이 아니라 감추고 있던 것을 드러내고 인정하는 것 그래서 조금씩 가벼워지는 것 말이다.

너끈히 도착할 거라고 생각했던 것은 오산이었다. 배 시간은 가까워오는데 걸어도 걸어도 종착지는 나타나지 않았다. 초조하고 무겁고 질질 끌리는 걸음을 옮기고 있는데 앞서가던 브리아나가 소리를 질렀다.

"저.저.저기 좀 보세요!! 저한테만 보이는 거 아니죠?"

샌드플라이 포인트. 신기루가 아니었다. 드디어 도착이다. 우리가 해냈어. 무사히 다 왔어. 마음은 소리치고 있었지만 입으로는 할머니 신음보다 작은 소리만 겨우 흘러나올 뿐이었다. 남극이라도 탐험했느냐, 뭘 그 정도를 가지고 호들갑이냐고 놀리지 마시라. '3보 이상 승차'를 부르짖던 사람들이 20킬로그램짜리 근심과 욕심의 배낭을 메고 메인트랙 53.5킬로미터, 폭포와 샛길트레킹을 합쳐 60킬로미터 산길을 종주했으니. 야호! 완전소진의 행복한 피로감이 간질간질 온몸을 덮는 순간이었다.

> **Memo**
>
> 밀포드 트랙을 완주하는 데는 총 4일이 필요하다. 캠핑을 할 수 없으며 각 오두막에서 1박 이상 숙박은 불가능하다.

밀포드 트레킹 3일차에 정상에 오른다. 도착 순간 깨달았다.
그날 우리를 피오르드 랜드로 호출한 바람은 분명 여기서 시작되었음을.

신의 마법도끼로 깎은 곳,
밀포드 사운드

∧ RESET KEYWORD
이름

샌드플라이 포인트. 밀포드 트랙의 종착지이자 밀포드 사운드까지 가는 배가 출발하는 곳이다. 이름이 심상치 않다고? Yes! 바로 맞췄다. 이름처럼 이곳은 샌드플라이가 바글바글한 지점이다.(당신이 얼마만큼을 상상하든 그 이상이다!) 그럼에도 불구하고 밀포드를 완주한 사람들만 볼 수 있는 완전한 풍광을 선사하는 포인트이기도 하다. 샌드플라이 반 공기 반이었다 해도 선물로 느껴졌던 이곳은 어떻게 말해도 모두가 클리셰가 되고 만다.

언제까지나 머물고 싶은 곳. 보고 또 보고 찍고 또 찍고 난 후에도 '도저히 발길이 떨어지지 않는' 곳. 샌드플라이 포인트에서 보낸 시간으로 밀포드는 '영혼에 새겨진 한 장면'이 된다. 소금기둥이 되어버린 롯의 아내처럼 배에 오른 후에도 계속 뒤돌아 보았다. 신이 마법의 도끼로 깎아 만들었다는 밀포드 사운드로 향하고 있는데도 마음은 아직 떠나지 못하고 있었다.

언젠가부터 '아름답다'는 그냥 맥없는 말이 되어버린다. 신이 마법도끼로 조각해 만들었다는 피오피오타히Piopiotahi(밀포드 사운드)에서는 더욱 그렇다. 사실 나는 '밀포드 사운드'라는 지명에 유감이 있다. 1812년 물개잡이를 하던 뱃사람이 처음 흘러들어 이곳을 발견했다. 입구가 몹시 좁기 때문에 안쪽으로 이렇게 어마어마한 만이 있으리라는 상상을 못한데다 안쪽으로부터 강한 바람이 몰려나와 접근할 엄두를 내지 못했던 당시 탐험가들에게 이 발견은 사건이었다. 발견자의 이름을 따서 붙이자니 물개잡이라는 그의 직업이 꺼림칙했던 걸까 이름 대신 지명을 붙였다. 밀포드라는 이름은 영국 웨일스 지방 출신으로 고향이 멜포드 헤이븐인 사람이 발견했다는 사실에 연유한다.

내가 걸고넘어지고 싶은 것은 바로 이 부분이다. 첫 발견은 유럽 탐험가들의 기준일 뿐 이 땅은 애초에 마오리 원주민의 땅이었다. 마오리족이 1천 년도 넘는 옛날부터 알고 있던 곳이다. 증거는 바로 이름이다. 피오피오타히. 지금은 멸종된 피오피오새의 이름을 따서 조상 대대로 불러온 이곳에는 마오리 원주민의 전설이 있는 곳이기도 하단 말이다. 심지어 이

∧ 배에 오른 후에도 지나온 길이 까마득히 멀어질 때까지 눈을 떼지 못했다.

곳은 흔해 빠진 사운드(해협)가 아니라 빙하작용으로 생긴 피오르드이고.

'신의 작품'이라느니 '대자연의 경이'라느니 하면서 정복자들은 제 맘대로 엉터리 이름을 붙였다. 밀포드라 불러야 할 이유도 없고 사운드도 아닌 바에야 원래 이름으로 부르는 게 맞지 않을까? 밀포드 사운드는 피오피오타히라고 불러야 옳다.

> **Memo**
>
> 마오리 지명은 대부분 전설에 유래한다. 피오피오타히에 얽힌 전설은 여러 가지다. 죽음의 여신에게 불멸의 운명을 빼앗긴 마오리 영웅의 죽음을 슬퍼한 피오피오새의 이름을 땄다는 설이 유명하다.

목욕이라는 이름의
문명으로

∧ RESET KEYWORD

일상

선착장을 나와 버스에 올랐다. 에어컨을 풀가동한 시원한 공기가 어색했다.(솔직히 아주 아주 잠깐 동안만 그랬다.) 등을 기댈 수 있고 기울여지는 의자, 매끈한 화학섬유로 만들어진 팔걸이가 대체 얼마만이던가. 움직일 필요 없이 창으로 풍경을 바라보는 순간이 오다니. 며칠 떨어져 있던 문명은 낯설어할 새도 없이 반가운 키스를 퍼부으며 우리를 점령했다.

버스가 터널 앞에 멈췄다. 다이너마이트와 망치, 정을 들고 수작업으로 20년에 걸쳐 완공했다는 호머 터널Homer Tunnel이다. 화강암 산에 최소한의 공간만 뚫어 편도로 만든 터널을 50년이 지난 지금까지 그대로 운행

한다. 조명이 부족해 컴컴한 터널을 전조등에 의지한 차들이 저속으로 지난다. 비포장 터널길을 덜컹거리며 달리는 버스 안에서 문득 서울에서 춘천까지 새로 난 길을 떠올렸다. 어느 날 호기심에 세어본 터널은 90킬로미터 남짓한 길에 스무 개가 넘었다. 대한민국 산허리를 말 그대로 '시원하게' 끊고 뚫은 후 생겨난 수많은 4차선 혹은 8차선 터널. 자연을 보호하기 위해 불편을 감수하는 뉴질랜드에서 잊고 있던 내 나라의 개발 망령이 다시 한 번 뼈아파 온다. 시간의 문제일 뿐 자연이 되갚아 주지 않는 것은 없다지 않던가. 나라 전체를 헤집는 망국병은 얼마나 호된 값을 치르게 할는지.

테아나우Te Anau는 작은 도시다. 일단 주민이 2천 명도 되지 않는다. (2014년 인구 조사에 따르면 총 1,911명) 주민의 두 배가 넘는 4천 명을 위한 숙박시설에는 주로 우리 같은 트램핑족이 머문다. 테아나우는 밀포드 사운드, 다우트풀 사운드로 가는 길목이고 밀포드와 케플러 트랙 외에 남섬에 있는 여러 명산으로 이어진다. 트램핑을 하려는 사람들이 머물기에 최적의 위치다. 우리도 테아나우에서 머물기로 했다.

피오피오타히에서 테아타우까지는 가는 길도 볼거리다. 양옆으로 눈 덮인 준봉이 이어지고 밀포드와는 또 다른 웅장함이 어깨 바로 옆에 서 있다. 야생의 트랙에서 쌓인 피로가 녹아내려 눈꺼풀을 덮었지만 창밖 풍경을 놓칠 수는 없어 바늘침에 찔리듯 따끔거리는 눈을 부릅떴다.

∧ 테아나우행 버스에 오르자마자 잠들 줄 알았는데 바늘침에 찔리듯 피곤한 두 눈을 부릅뜨게 만든 풍광.

테아나우까지는 좀 더 가야 했는데 누군가 버스를 세웠다. 인가가 보이지 않는 길에 내리며 그는 버스 안에 있는 우리를 향해 두 손을 흔들었다.

"모두들 만나서 반가웠어~"
"멋진 트레킹 하길 빌어. 안녕~"

밀포드 트랙을 걷는 동안 종종 마주쳤던 친구였다. 일행인 줄 알았던 다른 청년들은 버스에 남아 손 피리를 불며 응원을 보낸다. 잘생긴 스웨덴 친구가 졌다는 표정으로 말했다.

"쿨하지 않아? 저 친구 바로 케플러 트랙으로 간대."
"말도 안 돼. 오늘 이미 18킬로미터를 걸었잖아. 어떻게 다시 산으로 갈 생각을 하지?"
"그러게. 아무래도 우리와는 다른 사람이야."

그래. 아무래도 우리는 다른 종류의 생물체임이 틀림없다. 나는 버스에 오른 순간부터 눈꺼풀 들어올리기도 버거웠다. 그런데 곧바로 다시 산에 오르는 사람도 있는 것이다. 그때 내가 갈구했던 것은 오로지 하나였다. 뜨거운 물 샤워. 더운 물로 샤워를 할 수만 있다면 그 대가로 무엇이든 아깝지 않을 것만 같았다. 상대가 메피스토텔레스라 해도, 묻지도 따지지도 않고 당장 거래를 했을 게다. 목욕. 그것은 내게 문명의 다른 이름이다.

낮은 펜스 안쪽으로 화단 가득 장미가 피어 있다. 'Welcome Home, Sweet Home'이라고 쓰인 신발털이까지. 집이다. 진짜 집에 온 것만 같았다.

"정원이 정말 넓어. 텐트 치고 캠핑해도 되겠어."
"밝아서 좋다. 채광이 잘 되는 집이야."
"2층에 와 봐요. 경치가 장난 아녜요."

밝고 깨끗하고 넓은 집은 우리 마음에 꼭 들었다. 캡틴은 정원이 넓어서, 브리아나는 밝아서, 스텔라는 호수가 보여서 만족스럽다고 했다. 허 교수는 넉넉히 누울 수 있는 소파가 놓인 리빙룸을 좋아했다. 나는 뜨거운 물이 나오는 욕실의 수도꼭지를 부여잡고 기쁨의 통곡이라도 할 참이었는데 온 집안을 울리는 환희의 이중창이 들려온다.

"대박~ 최고~ 세탁기가 있네요."
"아자 아자~ 이제 빨래할 수 있어요~"

빨래하는 남자들. 빨래하는 남자 둘. 박팀장과 제이 두 남자는 숙소에 도착하자마자 빨래를 시작했다. 우리는 샤워 후 침대와 일체되기 시합이라도 하듯 누워 잠을 잤는데 그동안 두 사람은 친구들의 침낭까지 챙겨 빨랫줄에 걸고 등산화를 털었다. 아무렇게나 던져 둔 빨랫감을 모아 세탁기에 돌리고 널어 말렸다. 그들은 밀린 빨래를 할 수 있어서 행복해 했다. 말은 그렇게 했지만 사실은 원정대를 위해 피곤한 몸을 일으켜 세탁의 일상으로 돌아갔을 것이다. 그럴 거라고 생각했는데 제이는 테아나우에서 세탁기를 발견했던 순간 평생 잊지 못할 짜릿함을 느꼈다고도 했다. 세탁기를 보고 짜릿함이라…. 나로서는 이해할 수 없지만 어쩌겠나 그랬다는데. 세상에서 우리를 행복하게 만드는 것은 백만 가지도 넘게 존재한다. 모두에게 각기 다른 이유로 마음에 꼭 드는 집이었다.

테아나우에서
한 달만 살 수 있다면

∧ **RESET KEYWORD**

회복

　테아나우는 요즘말로 '핵꿀쉼'을 선사해 줬다. 좋아하는 사람들과 한 집에서 지내며 쉬는 것만이 계획한 일정의 전부다. 시내에 나가서 먹을 수 있는 만큼 피자를 먹었고 로컬 맥주를 마셨다. 어슬렁거리며 동네 구경을 하면서 몸을 내려놓고 다리를 풀었다. 루트번 트레킹을 앞두고 식량을 챙기면서 약과 반창고, 비상약품을 보충했다. 푸짐한 식사와 평화로운 휴식, 테아나우는 우리가 스스로에게 준 최고로 멋진 보상이었다.

　"난 아무래도 여기 남아야겠어요."
　"무슨 말이에요. 그렇게 힘들어요?"

"물론 함께 가고 싶죠. 하지만 그러다 또 문제를 일으킬까 봐….."
"……"
"그럴 수야 없죠. 못 간다면 다 같이 남아야지."

루트번으로 가서 과연 걸을 수 있을까 불안했다. 나 때문에 들뜬 원정대를 주저앉히기도 미안한 노릇이지만 그렇다고 무리해서 떠났다가 중간에 문제가 생긴다면? 상상하기도 무서운 일이었다.

난 제이의 충고대로 축구선수들이 몸을 푸는 방식을 써보기로 했다. 근육이 받혀줄 지 자체진단이 필요한 시점이었다. 무릎을 들어 올려서 바깥으로 최대한 꺾어 내려놓고 다시 반대 다리 무릎을 90도가 되게 들어 바깥으로 보내며 걷는 것이다. 스모선수의 의식과 어딘지 비슷하기도 한 자세인데 차이가 있다면 제자리에서 하는 것이 아니라 앞으로 걷는 것이다. 온 정신을 다리에 집중하며 테아나우 호수로 걸을 무렵 가로등이 들어오고 있었다. 정말 오랜만에 보는 노란빛 가스등이었다. 다리는 괜찮은 것 같기도 하고 당기는 것 같기도 했다. 그렇게 한참을 걸었다. 인기척이라고는 없던 마을길에 어렴풋이 아주머니 한 분이 보였다.

"메리 크리스마스~"

크리스마스 인사를 건넸는데 그분은 아무 말 없이 그 자리에 딱 서는 것이 아닌가? 나는 목소리 한 키를 높여 좀 더 상냥하게 인사했다.

"하이~ 해피 크리스마스~"

그 전까지 내가 만난 뉴질랜드 사람들은 언제나 먼저 인사하고 늘 웃고 친절하고 농담을 건넸다. 전형적인 뉴질랜드 키위 아주머니처럼 보이는 분이 왜 저러시나 어리둥절했는데, 그녀의 목소리가 떨린다.

"고.고.고마워…. 그런데 당신 괜찮은 건가요?"

멀리서부터 나를 본 것이 틀림없다. 겁에 질린 듯한 그녀의 표정을 보니 그녀는 내가 아프다기보다는 제정신이 아닌 어떤 사람이라고 상상했던 것 같다. 하긴…. 생각해 보니 무서울 만도 했다. 원피스를 입은 동양 아줌마가 스모선수처럼 다리를 들었다 놨다 하면서 다가왔으니 그 자리에 있어야 할지 도망쳐야 할지 고민했을 지도 모를 일이다.

"밀포드 트레킹을 했거든요. 다리를 풀어주는 거예요."
"아….."

그제야 어느 정도 마음이 놓인 표정이었다. 그녀는 테아나우에 사는 사람이고 티비와 사비 두 마리의 고양이를 키운다고 했다. 그녀는 끝내 의심을 완전히 거두지는 않은 듯했다. 루트번에 잘 가기를 바란다며 서둘러 집으로 들어갔다. 주인이 가버린 후 티비인지 사비인지 알 수 없는 그녀의 고양이 두 마리 중 한 마리는 나를 호수까지 따라왔다. 역시 고양이는 사람 보는 눈이 있다. 고양이가 사람보다 상황파악, 사람파악을 잘한다.

조용한 호숫가에 자리 잡은 깨끗하고 아담한 타운에는 시선을 가로막는 인공물이라고는 없다. 휴먼 스케일, 모든 것이 인간에게 딱 맞는 적절한 규모다. 2층을 넘길 필요 없이 낮고 여유 있게 펼쳐진 마을에서 호숫가로 걸을 때는 이웃집 고양이가 나타나 안부를 하며 여유 있게 동행한다. 드문드문 놓여 있지만 헐렁하게 비어 있는 것도 아닌 동네를 오가며 리드미컬한 여유가 생겨났다.

테아나우 호숫가 저녁산책. 이번 여정에서 가장 좋았던 시간을 말하라면 나는 주저 없이 그 저녁을 꼽겠다. 시작부터 끝날 때까지 한 순간도 놓칠 수 없는 밀도 높은 영화를 보고 난 후 주인공보다 씬스틸러가 더 기억에 남았던 것처럼 내겐 그랬다. 밀포드와 루트번, 그리고 마운트 쿡이 주인공이었다면 테아나우는 주인공만큼이나 강렬하게 남아 잊을 수 없는 씬스틸러다.

"아~ 여기서 한 달만 살아보고 싶어요. 모든 것이 달라질 것 같아요."

테아나우를 떠나기 전날 밤, 초승달을 바라보며 휘적휘적 걷던 박팀장의 말이다. 왜 아니겠나. 여기서 겨우 며칠 지냈을 뿐인데도 온몸 구석구석, 그리고 마음에 달려 있는 관절까지 힘이 차올랐는데. 더는 한 발짝도 움직이지 못하겠다던 우리가 이제 루트번으로 간다.

Memo

테아나우는 주요 트랙의 길목과 이어져 트래커들의 중심지이다. 트랙을 오갈 목적이 아니라 오로지 머물 목적으로 가도 좋을 것이다. 2천 명도 되지 않는 주민이 사는 마을.

△ 테아나우 호수의 동쪽 호숫가에 자리 잡은 작은 마을, 테아나우.

반지의 제왕
나무정령이 사는 숲

∧ RESET KEYWORD
내 손잡기

하늘이 구름과 함께 이마까지 내려온 아침. 루트번 트랙이 시작되는 디바이드 The Divide를 향해 테아나우를 떠났다. 피오르드 빙하 계곡이 거대한 화강암 등뼈로 이어지는 마운트 어스파이어링 국립공원. 서던 알프스 산맥의 울창한 산과 보물 호수, 강을 따라 계곡을 탐험하는 루트번 트랙 Routeburn Track은 최고로 아름다운 코스 중 하나로 꼽힌다.

"루트번만 수십 번씩 가는 사람도 많아요."
"그야 뭐…. 북한산만 수십 번씩 가는 사람도 많은데."
"여기까지 와서…. 너무 아깝잖아요."

밀포드보다 루트번이 훨씬 더 좋았다는 사람들의 증언을 전하며 스텔라는 표정을 살폈다. 사실 원정대 중 몇몇은 테아나우에서 그냥 쉬자는 쪽이었다. 늘 그렇듯 내가 '쉬자' 쪽의 주도자였고. 며칠 더 쉬고 싶었지만 혼자 낙오하고 싶지도 않았다. 꾸물거리는 기분을 걷어 올리기로 했다.

디바이드는 골짜기가 이어진 산비탈에 있었다. 단단한 흙에 자갈이 섞여 있는 오르막길은 우리나라 산길을 떠올리게 한다. 구불구불 이어지는 길은 이끼로 뒤덮인 너도밤나무 숲에 닿았다. 나무껍질 사이에 벌레가 많이 살아 새가 좋아한다더니 정말 새소리가 유난히 경쾌하다. 게다가 산소의 농도마저 다르다. 이끼향이 가득한 촉촉한 물빛 공기를 마시며 걷자니 발을 뗄 때마다 힘이 생기는 듯하다. 힘들다고 그냥 쉬자던 사람이 누구였더라? 오길 잘했다. 저벅저벅 기분 좋은 발자국소리와 바람소리가 섞였다. 다시 나에게만 온전히 집중할 수 있는 시간으로 돌아왔다는 자각으로 뻐근한 기쁨이 차오른다.

드디어 갈림길이 나타났다. 그린스톤 트랙, 케이플스 트랙으로도 갈 수 있는 길 옆으로 호숫가 산장 호든 헛Hawden Hut이 있었다. 쉬어가기로 정해둔 장소였다.

'속은 좀 가라앉았을까?'

브리아나는 하루 종일 체한 것 같다며 토하고 먹지도 못했다. 걱정이었다. 괜찮은지 물어야겠다는 생각에 급한 걸음을 옮기는데 고요한 산길로 웃음소리가 먼저 날아왔다. 다행히 표정이 모두 밝고 브리아나는 어느 때보다 낯빛이 좋았다.

"너무 신기해요. 올라오면서 싹 나은 거 있죠!"

소화제에 손바닥 지압, 탄산수도 소용없던 독한 체기가 싹 가셨다니. 숲의 힘이었을 게다. 1억 년 전에는 지구의 대부분이 이끼에 덮여 있었다고 한다. 이끼류는 오랜 세월 진화하며 생명을 만들어왔다. 이끼향이 넘실거리던 숲에는 우리가 상상할 수 없는 힘이 있다. 그렇지 않고서야 루트번을 걷고 난 후 우리가 배 아프게 웃고, 튀어오르는 힘을 느끼며, 가슴 속 조근조근 속삭임을 들었던 일을 어떻게 설명할 수 있겠나.

오두막을 나서는데 비가 한두 방울씩 떨어졌다. 365일 중 300일 넘게 비가 온다는 밀포드에서 비 한 방울 맞지 않았던 날씨행운이 루트번까지는 따라오지 않을 모양이었다. 얼마나 걸었을까. 하늘에 거대한 샤워기라도 있는 듯 비가 쏟아져 내린다. 우중산행. 드디어 올 것이 온 것이다.

맑은 날 뒷산에 오르는 일도 큰맘 먹어야 했던 족속이 비오는 산길이라니. 평생 처음이다. 빗속 트레킹은 생각만 해도 두려웠다. 그런데 그날 빗속에서 행복에 겨웠던 것은 지금 생각해도 신기한 일이다. 춥고 미끄럽기는 했지만 나조차 이해할 수 없는 황홀함이 나를 덮었다. 온몸을 열어

비를 향해 기뻐하던 이끼와 풀 그리고 나무(어떻게 아느냐고 묻지 마시라) 때문이었던 것 같다. 심지어 숲이 진짜로 소리를 들려주기까지 했으니까.

『반지의 제왕』에 나왔던 나무정령. 엔트가 숲에서 행진하면서 내던 소리와 똑같았다. 삐이익~ 꾸으앙~ 설마 나무가 정말로 소리를 낼 줄이야! 흠뻑 비를 맞은 나무가 갈라지는 소리라고 했지만 내게는 그것이 나무정령의 노래로 들렸다. 혹시 그루트Groot를 아는 사람이라면 나처럼 했을 것이다. '그루트, 너니?' 숲을 걷는 동안 나는 나무에게 말을 걸었다. 영화 같은, 아니 영화보다 더 신비한 루트번 숲길에는 나무정령이 산다.

천둥소리를 지르는 얼랜드 폭포. 빗물인지 폭포수인지 알 수 없는 거대한 물보라를 지나면서 왜 그렇게 웃었는지 모르겠다. 우스꽝스러웠을 포효도 했다. 행복한 느낌만큼 날을 수 있다면 달까지는 눈 깜짝할 새에 갔을 그런 날이었다. 빗속에서 정말 좋았던 것은 어쩌면 혼자라는 느낌이다. 세상에서 분리된 느낌 그러나 비로소 나와 손잡은 기분 말이다. 내가 나에게 오래 묵은 얘기를 꺼내놓고, 내 모습을 마주하는 데 장대비 속을 걷는 것보다 좋은 방법이 있을까. 비옷을 보관함에 넣고 가는 바람에 그 비를 쫄딱 맞아야 했던 박팀장도 그랬다.

"혼자서 비를 맞고 걷는데, 어느 순간 그게 이상하게 좋더라고요."

함께 걷다 보면 길 위에서 함께 보낸 시간만큼 묵은 교감이 생기나 보다. 그날 비가 드리워준 커튼 속에서 그도 나처럼, 낯설고도 친숙한 자신과 만나 함께 손잡고 걸었음이 틀림없다.

∧ 루트번 트랙에는 당장이라도 성큼성큼 걸어갈 것만 같은 나무들이 빼곡하다.
비가 오면 나무정령 엔트와 그루트가 그랬던 것처럼 소리를 낸다.

매킨지 호수,
일어나지 않은 일

∧ RESET KEYWORD
안경

　원정대가 걷다가 하루의 목적지에 도착하는 순서는 어느 정도 정해져 있다. 발 빠른 브리아나와 허교수는 캡틴과 함께 선두조에 속한다. 변함없는 꼬리팀인 스텔라와 나를 챙기는 건 주로 제이였고 박팀장은 앞뒤를 오가며 연결했다.

　"간사님이 우리 뒤에 오시는 거 맞죠?"
　"그럴 텐데 왜 안 보이지? 사진 찍나 보지 뭐."
　"하긴. 비오니까 더 멋지긴 하네요."

빗속이라 뒤를 챙겨 보지도 않고 걸었는데 언젠가부터 제이가 보이지 않았다. 사진을 찍겠지 생각하며 천천히 걸었는데 능선 아래까지 보이질 않는다. 밀포드처럼 절벽이 있는 것도 아니고 걸으면서 위험한 구간은 없었기에 이상하다고 생각하면서도 그냥 갔다. 왜 되돌아가 볼 생각을 하지 못했을까?

겹쳐 입은 비옷과 판초우의 때문에 너무 더웠다고 한다. 비가 조금 잦아들어 제이는 판초우의를 벗을 생각이었다. 스틱을 세워놓고 몸을 숙여 판초를 벗다가 모자끈에 우의가 엉키며 안경다리가 걸렸던 모양이다. 휘익 벗었는데 문제는 그의 안경이 어디론가 날아갔다는 것이다.

제이는 꽤나 지독한 근시다. 아무것도 보이지 않고 비는 내리고 주변에는 아무도 없었다. 스텔라와 나를 불러봤지만 목소리는 빗소리에 묻혔다. 목이 터지도록 큰 소리를 질렀다는데 앞에 가는 우리는 계속 멀어졌다고. 엎드려서 발밑과 주변을 더듬었지만 안경은 만져지질 않았다. 잦아들던 비는 다시 굵어지고 우리 모습은 아예 보이지도 않았다.(사람으로 바글바글한 우리나라 트랙이었으면 얼마나 좋았을까 생각했다니! '저 안경이 떨어졌는데 좀 찾아주시죠.'라고 말하기도 전에 지나가던 사람이 집어줄 테니까.)

그는 일단 기다리기로 했다. 우리가 되돌아 올 거라고 생각하면서. 그 시간에 우리는 되돌아 가는 대신 그냥 멈춰 서서 제이를 기다렸다. 제이는 걱정을 끼치는 역할이 아니라 걱정을 해주는 역할이었다. 우리는 만의 하나라도 제이에게 무슨 사고가 있으리라고는 상상할 수 없었다. 게다가 그냥 멀쩡한 길이었으니까.

혼자, 아무것도 보이지 않는 채로 우의마저 벗은 채 비를 쫄딱 맞으며 우리를 기다렸을 제이를 생각하면 지금도 미안하다. 빗속에서 제이는 자신만을 탓했다고 한다.

'안경을 하나 더 가져왔어야 했어.'

많은 사람들이 글레노키에서 루트번 트랙을 시작하기 때문에 그날 아침에도 우리는 같은 방향으로 오르는 사람을 하나도 보지 못했다. 제이는 기다리다가 엎드려서 나뭇잎이 덮인 바닥을 더듬거리고 다시 소리를 질렀다. 그러는 동안 몸은 몽땅 젖고 차가와지고 있었다.

정말로 무언가 이상하다고 느낄 때쯤, 비로소 좀 돌아가 봐야 하겠다고 생각했을 때 누군가 산에서 뛰어 내려오고 있었다. 말로만 듣던 마운틴 마라톤이다. 20대 초반 혹은 10대 후반으로 보이는 청년이 날쌘돌이처럼 우리를 지나 달려 내려갔다. 그가 바로 제이를 구해 준 청년이다.

"무슨 일이에요?"
"오, 정말 나타나줘서 고마워요. 안경을 떨어뜨렸어요."

매킨지 호수에서 출발해서 뛰어 내려간 청년이 빗속에 엎드려 더듬거리던 제이를 일으켰다고 한다. 둘이 더듬더듬 바닥을 훑다가 내리막길 나무 끝에 걸려 있던 제이의 안경을 구했다. 상황이 모두 종료된 후에야 나타나 무슨 일이 있었냐고 묻던 우리가 얼마나 원망스러웠을까?

제이가 눈을 도로 찾고 나자 홀가분해진 하늘이 비를 거두고 있었다. 롯지가 보였다. 거울처럼 맑고 고요한 매킨지 호수를 껴안은 산이 급하게 비구름을 벗고 있었고 먼저 도착한 친구들은 늦어도 너무 늦는 후미팀을 걱정하며 핼쑥해져 있었다.

우리는 몸에서 물을 퍼내듯 젖은 옷을 벗어 짜고 말렸다. 한여름에 난로를 피우고 양말을 말리고 몸을 녹였다. 사람들은 깜깜해진 후에도 숨 막히게 아름다운 매킨지 호수 주변을 서성였다. 빗길에 안경을 잃어버리고 미아가 될 뻔 했던 제이의 고난 사연에 기력이 없어질 만큼 웃고 또 웃으며 함께 있는 것만으로 충분하다는 말을 실감하게 한 친구들이 있었다. 시간이 지나면 이 모든 기억이 희미해지려나? 그날 우리는 안경원칙을 마음에 새겼다.

'시야에서 벗어나게 두지 않기, 언제나 보이는 곳에 있기' 언제나 서로의 안경이 되어주기. 그 원칙은 트랙에서만이 아니다. 지금도 우리에게 유효하다.

∧ 매킨지 호수가 급하게 비구름을 벗어내고 있다.

∧ 오두막에 난로를 피웠다. 신발도 사람도 가까이 좀 더 가까이.

친구가 된다는 것,
어른으로 산다는 것

∧ RESET KEYWORD

성장

　　동트기 전, 깜깜한 새벽. 견고한 고요 속 무언가 계속 부딪히는 소리에 잠을 깼다. 유리창을 긁고 두드리는 소리, 날카로운 물체에 찔린 듯 우는 소리의 주인공은 키아Kea새였다. 밀포드에서 만났던 남섬 고산지대 앵무새. 민타로 오두막에서 등산화를 물어가 숲에 던져 버리고 옷가지를 찢어 놓았던 녀석들이다. 귀여움과 미움을 동시에 차지했던 그 영리하고 심술궂은 친구들이 새벽부터 매킨지 산장의 유리창을 신나게 쪼아대고 있다.

　　혼자 일찍 출발하려는 날이었다. 리빙스턴 산맥으로 오르는 키서밋Key Summit에 꼭 가고 싶었다. 걸음이 느린 내가 친구들에게 폐를 끼치지 않고 보조를 맞추려면 최소한 한 시간, 넉넉히 두 시간 먼저 출발해야 한다. 맞춰 둔 알람보다 먼저 나를 깨운 키아새 덕분에 배낭을 꾸린 후 계획에 없던 아침식사를 하려던 참이었다. 어느새 일어나 준비를 마친 캡틴이 동행하겠다고 나선다. 원정대에는 즐산공인 2인조 고충처리반 혹은 지도부가 있다. 제이가 날씨, 트레킹에 필요한 준비물, 그리고 원정대원을 세심하게 챙기는 반면 캡틴은 늘 조용히, 불쑥 이런 식이다. 웬만해선 아무래도 관계없다는 듯 무심해 보이는데 힘에 부쳐 하는 사람 옆에는 어김없이 그가 서서 손을 내민다. 혼자 새벽길을 나서는 내가 못미덥고 불안했던 게다.

산 아래 구름에 파르스름한 빛이 차오르기 시작했다. 어둠 속에서 막 깨어나는 숲. 얼음거울처럼 빛나는 매킨지 호수로부터 도저히 눈을 뗄 수 없었다. 호수가 시야에서 멀어질 때까지 한참동안 뒷걸음으로만 걸었다.

캡틴은 언제나 그렇듯 힘들이지 않고 성큼성큼 걷는다. 울창하고도 드넓은 대지를 풍경으로 앞서 걷는 캡틴의 뒷모습을 좇다가 새삼스럽게 그의 커다란 배낭이 눈에 들어왔다. 높이 솟아 터질 듯했던 우리들의 배낭이 루트번을 내려올 때쯤에는 조금 헐렁하고 가벼워졌는데 그의 것만은 그대로였다. 다른 사람의 배낭에서 무언가를 계속 꺼내 자기 가방에 넣으며 그는 항상 '균형을 맞추는 것'이라고 했다. 그의 배낭이라고 하필 무거운 것으로만 균형이 맞을 리가 있겠나. 대장이니까, 어른이니까 다른 이의 짐을 대신 졌을 것이다. 혼자라면 몇 시간 걸리지도 않을 길을 그는 팀을 챙기며 함께 종일 걸었다.

나이를 먹는다고 어른이 되는 것이 아니고 어른이 된다고 성숙한 것도 아니다. 표 나지 않게 꼴지를 돕고 생색내지 않는 것까지. 제대로 된 어른 노릇, 대장노릇은 폼 나고 신나는 것이 아니라 사실 이렇게 어려운 일이다. 나는 캡틴을 볼 때마다 그런 생각을 했다.

그날은 어렸을 때 나의 영웅이었던 '짱가'가 떠올랐다. 캡틴의 뒤를 따라 걸으며 내가 좋아했던 만화영화 『짱가』의 주제가를 불렀다.

"어디선가/누군가에/무슨 일이 생기면/짜짜짜짜짜짱가 엄청난 기운이/틀림없이 틀림없이 생겨난다/지구는 작은 세계 우주를 누벼라/씩씩하게 잘도 날은다/짱가짱가 우리들의 짱가/당당하게 지구를 지킨다/짱가짱가 우리들의 짱가"

∧ 매킨지 호수 바닥에는 보석을 가득 부어둔 것이 틀림없다. 한 번도 보지 못한 물빛을 한 마디로 하자면 '연보라 맑은 초록으로 빛나는 하늘빛 에메랄드'라고나 할까?

∧ 루트번 트랙은 마운트 어스파이어링 국립공원에 걸쳐 있다.
아침 해도 산을 오르는 게 힘겨워 보일 만큼 깎아지른 준봉이 아름답다.

빙하가 만든 지금 이 순간,
키 써밋

⋀ RESET KEYWORD

기억

전날 종일 쏟아진 비로 흠뻑 젖은 숲길에는 짙푸른 향이 가득했다. 종종 또렷한 청록색 돌이 밟혔다. '그린스톤. 뉴질랜드 옥이라는 그것?' 혹시나 하는 생각이 들었지만 아무리 그린스톤이 흔하게 나는 지역이라고 해도 트랙에 널브러져 있을 리는 없었다.(나중에 알았는데 그린스톤의 겉은 주황색이라고 한다. 표면을 태우고 나면 옥색의 그린스톤이 된다고.)

마오리족은 뉴질랜드 제이드 New Zealand Jade 라고 부르는 녹색돌 Greenstone 을 귀하게 여겼다. 화폐로 쓰고 장신구도 만들고, 그린스톤은 철보다 단단해서 도끼나 곤봉 같은 무기를 만들기도 했다. 금도 이 지역에서는 쉽게 채취할 수 있었다는데 단단하지 않고 물러서 쓸모가 없었다. 마오리 원주민은 그린스톤을 금보다 훨씬 귀하게 여겼다. 하긴 따져 보면 금이 반짝인다는 것 말고 돌에 비해 더 비싸고 귀해야 할 이유가 어디 있겠나!

유럽인들이 들어오고 1860년대부터 금광 채굴자들에게 이 지역은 '돈'이었다. 눈에 불을 켜고 금을 채광했다. 강가와 호수, 해안까지 지천으로 깔려 있던 '잊혀진 보석' 그린스톤과 금을 실어 나르기 위해 만든 길이 루트번 트랙이다. 마오리족이 귀한 돌을 찾아 왔던 신성한 골짜기가 한때는 80킬로그램이 넘는 녹옥과 금을 지고 넘어야 했던 혹독한 역사의 길이었다. 이제는 그 길을 여행자들, 우리가 걷고 있다.

키 서밋 Key Summit 표지판 근처에 배낭이 놓여 있다. 정상에 다녀올 사람들은 여기에 무거운 배낭을 두고 가벼운 몸으로 출발한다. 도난 걱정은 필요 없다지만 여권과 지갑을 챙겨 주머니에 넣고 나섰다. 구불구불 지형을 따라 점차 고도를 높여 위로 향하는 길이었다. 꽤 가파른 각도의 오르막이지만 모처럼 배낭 없이 빈 몸이 되고 보니 언제까지라도 걸을 수 있을 것만 같다. 정상에 오르자 산비탈에 막혔던 바람이 사정없이 모자를 잡아당겼다. 뺨과 고막을 뒤흔드는 바람. 감탄사만 쓸 수 있는 곳에 다시 온 것이다.

눈 덮인 거대한 준령 고산이 360도로 펼쳐져 있다. 히말라야를 연상시키는 설산 봉우리들. 알파인 습지대와 고산 호수 tarn 를 따라 걷다가 손을 뻗으면 구름이라도 잡을 수 있을 것처럼 맑은 날이었다. 키 서밋 북쪽으로 할리퍼드 계곡, 남서쪽으로는 에글린턴, 그리고 이름만큼 푸르른 그린스톤 밸리가 동남쪽으로 향한다. 어마어마한 지각판 이동으로 생긴 지형에 빙하가 충돌하며 만든 모습. 사람들은 너나 할 것 없이 양 팔을 들어 올리고 하늘로 고개를 꺾었다.

"키 서밋 완전 최고네요!"

'최고'라고 말한 것이 이미 열 번도 넘지만 어쩔 수 없다. 정말 그랬으니까. 매일 매일이 최고였으니까.

밀포드가 눈으로 보면서도 믿어지지 않는 초현실적 신비라면 루트번은 '낯선 유대감'이다. 먼 옛날, 이미 기억할 수 없게 된 아득한 때 내가 속했던 자연으로 돌아온 것 같은 느낌, 기묘한 편안함이 압도한다. 자연의 존재로서 더 큰 자연에 연결되어 있는 짜릿함이랄까. 내려가야 한다는 것이 아쉬울 뿐이었다. 10분. 딱 10분만 더. 그대로 머물고 싶은 마음이 간절했다.

친구들을 계속 기다리게 할 수 없어 돌아서려는데 마음에 누었던 바로 그 자리에 호주에서 온 아가씨들이 앉았다. 그 순간 왜 부러움 대신 위안 같은 것이 밀려왔을까. 어째서 나여야만 한다는 마음이 다 사라졌을까. 그냥 느낄 수 있을 것 같았다. 우리가 모두 연결되어 있다는 것, 다른 존재를 통해서도 감각할 수 있다는 것을. 좀 더 있을 수 없는 것이 아쉽기도, 또 그대로 괜찮기도 했다. 멈추어 앉은 이들의 모습을 정성스레 새긴다. 기억해야지. '지금 이 순간, 지금 여기' 느낄 수 있다.

> **Memo**
>
> 루트번 트랙(40km)을 걷는 데는 총 3일이 소요된다. 테아나우 쪽에서는 디바이드, 퀸스타운 쪽이라면 글레노키Glenochy에서 트레킹을 시작할 수 있다. 순환코스가 아님을 참고하여 교통편을 예약해야 한다.

∧ 키서밋을 중심으로 할리퍼드, 애글린턴, 그린스톤 밸 리가 펼쳐진다.

∧ 우리는 모두 연결되어 있다. 내가 앉고 싶었던 바로 그 자리에 나 대신 앉은 사람들.

낯선 매혹,
푸카키 호수

∧ RESET KEYWORD
감격

'행복해야 할 백만 가지 이유가 있다.'

퀸스타운에서, 마운트 쿡으로 향하던 날 기분이 딱 그랬다. 꿈꾸던 밀포드 트레킹에 이어 루트번까지 무사히 다녀왔다는 안도감과 성취감이 찰랑찰랑 넘쳐 시시콜콜 모든 것들이 행복했다.

동전을 넣으면 세탁 후 뽀송뽀송하게 말려 주는 코인 세탁기가 있어서 행복하고, 무거운 등산화 대신 슬리퍼를 신을 수 있어서 행복했다. 세상에는 누룽지 말고 다른 음식이 존재한다는 사실에, 심지어 바닐라 아이스크림을 먹을 수 있는 문명세계로 돌아왔다는 것이 행복했다.(문명을 떠나서 행복하다더니 다시 문명으로 돌아와서 좋아 죽겠다는 나는 대체 어떻게 생겨먹은 걸까.) 석양이 질 무렵부터 달이 뜰 때까지 노천 스파를 할 수 있어서 행복했고, 뻣뻣해진 다리를 어기적거리며 걸으면서도 호호 깔깔 서로서로 놀릴 수 있는 친구들이 있어서 행복했다. 늘 주위에 있지만 익숙해져 무감했던 소소한 것들 모두 기쁨 아닌 것이 없었다.

행복은 자기를 알아봐 주는 사람 곁에 머물고 싶어 한다. 행복해 할수록 또 다른 행복이 줄줄이 사탕으로 이어졌으니까.

과일이 맛있기로 유명한 크롬웰Cromwell에서 이른바 '주전부리' 쇼핑을 실컷 했다. 이제부터는 배낭을 메고 다닐 필요 없이 자동차 트렁크, 숙소에 둘 수 있다는 사실에 전율하면서 말이다. 8번 고속도로에 들어선 후 두 시간쯤 달리면 마운트 쿡Mt. Cook 국립공원이 보이기 시작한다. 원주민어로 아오라키Aoraki라고 하는데 구름을 뚫는 봉우리라는 뜻이다. 마운트 쿡은 3,700미터가 넘는 봉우리답게 지평선을 막고 서 있다. 더없이 푸른 하늘을 거느리고 다가오는 눈부신 설산. 그 어떤 사진이나 영상과도 비교할 수 없는 장엄함에 벅찬 기대가 두둥실 떠오를 때였다.

"말도 안 돼. 오. 오. 오른쪽 색깔 좀 봐 봐."
"차라리 CG라고 해 줘. 그러면 믿겠어."

바지 위에 커피라도 쏟은 사람들처럼 우리 모두를 안절부절못하게 만든 것은 푸카키 Lake Pukaki 호수다.

낯선 매혹. 아름답다는 감탄보다는 차라리 의심에 가까웠다.

"어떻게 이런 색이 있을 수 있어?"
"설마 무슨 염료를 풀어놓은 건 아닐꺼 아냐!"

컴퓨터 그래픽이라고 해야 현실적으로 느껴질 것만 같다. 마운트 쿡 가까운 곳에 지구에서 가장 두터운 태즈먼 빙하가 있다. 태즈먼과 후커 빙하에서 발원한 태즈먼 강이 흘러들어 만든 푸카키 호수. 바다에 수백만 톤의 우유를 섞으면 이런 컬러가 되려나. 여기 사람들이 '밀키블루'라고 부르는 신비한 하늘색 호수는 빙하에서 나오는 극도로 미세한 바위 입자가 만든 것이라고 한다. 어떤 바위길래 이런 보석빛깔을 낼 수 있는지. 터키석이 녹아 액체가 되면 비슷한 색이 되려는지. 밀포드와 루트번 트레킹을 하면서 넋을 놓게 되는 경치라면 이미 볼 만큼 봤다 싶었는데 원정대 앞에 보란 듯이 별세계가 또 나타났다. 지나던 차들이 서고 관광버스가 수차례 와서 사람들을 내려놓았다가 싣고 떠나는 동안 우리는 마음껏 푸카키 호수의 '밀키블루'를 흡수했다.

∧ 구름을 뚫은 산이라는 뜻의 아오라키. 마운트 쿡의 최고봉은 3,724미터다.
산의 40% 이상이 빙하로 덮여 있다.

∧ 푸카키 호수. 눈으로 보면서도 믿어지지 않는 밀키블루색 빙하호수.

결정적 순간,
행복의 정복

∧ RESET KEYWORD

오늘

　　마운트 쿡 트레킹을 위해 머물 언윈 롯지Unwin Lodge. 운이 이렇게 좋아도 되는 것인지 조금 불안해질 정도였다. 롯지에 묵는 사람이 우리뿐이라니 숙소를 통째로 전세 낸 셈이었다. 우리는 숙소와 뜰, 그리고 부속 카페에 각자 흩어져 자기만의 시간을 보냈다. 혼자만의 공간과 시간을 누리며 무언가를 함께 하지 않을 자유도 달콤했다.

　　'대상이 시간을 초월한 형태와 표정, 내용까지 모두 조화롭게 일치된 순간'

앙리 브레송이 그의 사진으로 정의한 결정적 순간이다. 언윈 롯지에서 보냈던 한나절이 내게는 '결정적 순간'의 포토 이미지로 기억에 남는다. 웅장하고 생생한 존재감의 마운틴 쿡을 마주한 롯지 앞 차도로 가끔 지나는 자동차가 마찰음을 들려준다. 열정적으로 쏟아지는 햇살과 순식간에 따스함을 거두는 바람을 동시에 맞고 있으려니, 이런 평화가 또 없었다. 시가 저절로 떠오르는 오후였다.

'오늘은 아무 생각 없고 당신만 그냥 많이 보고 싶습니다.'
– 김용택 시인의 「푸른 하늘」 중에서

그녀는 그림을 그렸다. 그림을 그리는 브리아나를 보면서 세상에 존재하는 동안 할 수만 있다면 많은 것들을 '좋아하는' 사람으로 살고 싶다는 생각을 했다. 돌이켜 보면 나를 행복하게 했던 것은 가진 것보다 꿈꾸게 한 것이었고 잘하는 것보다 좋아하는 것이었다.

'나는 강을 수집한다. 볼가 강이나 양쯔 강을 오르내리노라면 즐거워진다.'

버트런드 러셀의 『행복의 정복』 중 한 구절이 떠올랐다. 행복해야 할 백만 가지 이유, 세상에는 이미 마련된 수많은 선물이 있다. 강을 수집하고 산을 수집하고 책을 읽고 글을 쓰며 노래 부르고 춤추리라.

행복은 강박이 되는 순간 멀어졌다. 산과 강을 수집하는 두둑한 배짱으로 느리게 발견하며 살 것이다. 인생에 너무 엄격한 기준을 세우지 않고 되도록 따뜻한 태도로 삶을 여행하고 싶다. 행복하지 않을 이유가 없는 세상, 매사에 지나치게 진지하거나 신중하고 싶지 않다. 죽기 살기로 그러는 것은 애당초 성미에 맞지도 않고.

그날 밤 달을 바라보고 들어와 자기 전 짧은 일기를 하나 썼다.

'어제도 오늘도 내일도 행복하되 언제나 오늘을 가장 행복한 날로 살기. 리셋Reset.'

아오라키 마운트 쿡 트레킹의 날이다. 몇 시간 후면 찾아올 오늘은.

Memo

언원 롯지 https://alpineclub.org.nz/hut/unwin
허미티지 호텔
허미티지 호텔은 마운트 쿡 빌리지 랜드마크로 트램핑 코스의 출발점이자 공항 셔틀을 비롯하여 각종 레포츠 안내 데스크가 있으며 모든 투어버스가 이곳에서 출발한다. 허미티지 호텔 뷔페식당도 추천한다. 맛은 별로지만 마운트 쿡을 바라보는 레스토랑이고 지역 특산 연어를 마음껏 먹을 수 있다는 점을 고려할 것(www.hermitage.co.nz). 1953년 세계 최초로 히말라야 정상에 오른 등산가이자 탐험가 에드문드 힐러리 경은 마운트 쿡에서 히말라야 등정 훈련을 했다.

∧ 아오라키를 비추는 달 밝은 밤.

구름 신이 사는 아오라키,
지구가 아닌 다른 행성

∧ RESET KEYWORD
친구

구름을 뚫고 하늘까지 솟아오른 봉우리. 아오라키 마운트 쿡^{Aoraki Mt. Cook}과 만나는 날이다. 얼음과 만년설로 덮여 70개가 넘는 빙하를 품고 있는 곳. 마운트 쿡 산악지역에서 전문 장비 없이 일반인이 오를 수 있는 가장 높은 포인트는 뮬러 헛^{Mueller Hut}이다. 반지원정대는 멀리서 감탄하며 바라보던 산을 몸으로 오르고 싶었다. 해보다 먼저 일어나 아오라키로 향했다.

DOC 캠핑 주차장을 출발하면서 헤드랜턴을 켜고 30분쯤 평지를 걸었다. 뮬러 헛 트랙의 오르막 시작 지점에 도착했을 때는 늦은 해가 막 일어날 준비를 마친 듯했다. 지형에 따라 지그재그로 만든 계단 길의 경사가 가파르다. 정상을 향해 거의 직선 고도로 돌과 나무를 쌓아올린 계단. 계속된 오르막길이지만 지루함을 느낄 새는 없다. 고도가 달라질 때마다 눈앞에 매번 새로운 세상이 펼쳐졌다. 발아래로 허미티지 호텔과 캠핑장이 밟히고 후커 밸리와 엎드린 빙하호수 위로 해가 떠올랐다. 멀리서 호수는 강을 만나고 눈 덮인 산이 내려다보였다.

아무 일도 일어나지 않는 그림 속 세상처럼 완전한 평화. 1990년 배트 미들러가 불렀던 노래 '프롬 어 디스턴스From a distance'의 가사처럼 멀리서 세상은 그 자체로 완벽해 보였다.

급한 경사로 두 시간쯤 이어진 계단이 끝나는 지점에 씰리 탄즈Sealy Tarns가 있다. 산 아래를 내려다보며 잠시 숨을 돌릴 수 있는 해발 1,280미터 지점의 산정호수. 코끝을 찡하게 만든 파노라마 경관을 향해 테이블이 놓여 있었다. 웨이크필드 산을 정면에 두고 힉스 봉우리와 마운트 쿡이 만들어낸 빙하호수는 낯선 은빛 회색이다. 환상적이던 밀키블루의 시원이라 할 수 있는 빙하호수의 색이 어떻게 달라도 이렇게 다를 수 있는지. 뉴질랜드는 언제나 순도 100%의 화이트, 에메랄드그린, 그리고 믿을 수 없이 밝은 푸른색이 아니었던가.

명도와 채도가 높은 아름다움에 익숙해진 우리가 처음으로 은회색 호수와 거무튀튀한 빙적지를 마주했을 때의 충격이라니. 태산만한 굴착기

∧ 나무와 풀이 살 수 없는 수목생장 한계선을 지난 마운트 쿡. 창조 이전의 땅.

로 산을 파헤치기라도 한 듯 거칠게 펼쳐진 절개지는 빙하와 눈사태가 만든 작품이었다. 도저히 가늠할 수 없는 무시무시한 자연의 힘을 목격한 느낌이라고 해야 할까? 그림 같은 풍경을 바라볼 때는 감히 상상할 수 없었던 낯설고 두려운 감격이다.

씰리 탄즈를 지난 후에는 너덜길이 이어진다. 암벽과 날카로운 암석 덩이만 가득한 길이 만만치 않았다. 더 이상 나무도 풀도 자라지 않는 황량한 전경.

"조물주의 채석장 같지 않아?"

캡틴이 말했다.

"아무 것도 만들지 않은 상태 말이야."
"일단 재료를 마구 파헤쳐 펼쳐 놓으신 것 같은데요."

듣고 보니 그렇다. 확실히 정상에 가까워질수록 아직 어떠한 것도 생겨나기 전의 태고, 원시가 느껴진다. 온통 조물주의 원재료만 가득 찬 거친 작업장이다. 무진장 미끄러웠고.

오르막에는 구름이 가득했다. 빛으로 환하던 하늘이 험상궂어지더니 굉음이 지축을 흔들었다. 산 위쪽에서 천둥소리보다 몇 배 큰 소리가 산을 울렸다. 베이스와 바리톤이 쩌렁쩌렁 산을 흔들고 그 사이로 쪼갤 듯한 소프라노가 섞이더니 눈 앞에서 산이 부서졌다. 눈사태. 여름철 급경사면에 쌓인 눈과 빙하 일부가 녹으며 무너져 내리는 것이었다. 트랙을 걸으며 멀리서 들리던 소리로 눈사태를 상상했던 것과는 차원이 달랐다. 본능적인 공포감이 밀려와 무릎이 살짝 꺾였다. 자연 앞에서 사람은 얼마나 작은지. 얼마나 약한지.

길은 없고 다만 일정한 거리마다 꽂혀 있는 붉은색 표지봉을 따라 걸었다. 내린 눈이 녹았다가 얼고 다시 눈이 내려 얼음이 된 바닥은 군데군데 슬러시처럼 미끄러웠다. 만년설을 덮은 산이 아찔한 전경을 선사해 줄 것을 기대했건만 뮬러 헛 주변은 비구름만 자욱했다. 암석이 군데군데 쌓여 있는 눈밭을 지나 멀리 뮬러 헛이 보였다.

"채석장이고 뭐고 미끄러워 죽겠어요."
"여긴 지구 같지가 않네요."
"다른 행성에 착륙한 느낌이야."

아무것도 보이지 않고 암석과 얼음으로 덮인 표면. 하얀 눈밭 위에 쌓여 있는 암석과 잿빛 하늘이 겹쳐진 스카이라인이라니. 쾌청한 날이라면 볼 수 있었을 장엄한 풍광을 놓친 것은 아쉽지만 제이말대로 외계의 행성에 다녀온 듯했으니 더 특별한 경험을 얻은 셈이다. 자연은 언제나 최고의 것을 준다. 다만 우리가 기대하는 것과 때로 다를 뿐.

뮬러 헛에서 원정대를 기다리고 있던 것은 폭풍우 예보였다. 따듯한 커피 한 잔의 여유도 없이 내려가야 한다니. 구름이 점점 더 가까워졌다. 비를 곧 쏟아내겠다는 신호였다. 아쉬움을 남기며 돌아선 등 뒤로 빗방울이 후두두 떨어지기 시작했다. 비를 뿌리다 비켜서서 해를 내보내기를 수십 번. 산봉우리마다 무지개가 걸렸다.

"평생 무지개를 이렇게 많이 본 적이 없어."
"원래 무지개 색이 이렇게 선명했어?"
"쌍무지개다. 우와, 정말 일곱 빛깔 무지개네요."

너무 선명해서 마치 레이저 광선에 색을 입힌 듯한 쌍무지개도 처음이었다. '신은 인간을 위해 무지개 끝에 보물을 묻어 둔다'던 옛날 얘기가 떠올랐다. 그때였을까? 앞서 걷던 박팀장과 제이 어깨에 닿은 무지개가 커다란 아치를 그리며 산 아래 후커 밸리까지 내려간 때는.

때로 우주는 직접적인 메시지를 보내준다.(요즘 이런 표현을 자주 쓰는 어떤 분 때문에 다른 말로 바꾸고 싶었는데 유감스럽게도 찾지 못했다. 하긴 우주가 무슨 잘못이 있겠나. 잘 피하고 가려 들어 주시길.) 하산 길 내내 무지개를 만들어준 아오라키 구름 신은 이제 콕 집어 무지개 끝으로 후커 밸리를 가리키고 있지 않은가. 후커 밸리에는 원정대 친구들이 있단 말이다. 뮬러 헛에 오르기를 포기하고 후커 밸리 트레킹을 선택한 원정대 친구들이 걷고 있을 길. 후커 밸리에 무지개 끝을 내리고 태연하게 말하고 있다.

'무지개 끝닿은 곳에 보물이 있다.'

아오라키 마운트 쿡에 사는 구름신은 우왕좌왕 어수선한 원정대 친구들이 보물이라고 말하고 있었다.

Memo

마운트 쿡 산악지대는 세상에서 눈이 가장 많이 오는 지역 중 하나다. 일 년 강수량은 1만 밀리미터가 넘고 3천 미터가 넘는 고산지역이라 매일 눈, 비가 내리며 날씨변화는 극심하다. DOC은 혹시 모를 사고에 대비하여 뮬러 헛 트레킹 코스로 등산하는 사람들에게 입산 신고를 권장한다.(조난 상황이 생겼을 때 구조를 위한 조치라고 생각하고 산에 오르기 전에 신고해 두시길.)

∧ 아오라키 하산길에 계속 나타난 쌍무지개.

빨간 헬멧을 쓴 남자와
탈주하는 소

˄ RESET KEYWORD

만남

여행은 만남이다. 여행하는 동안 우리는 광대한 자연을 만나고 인류가 지은 문명을 마주하며 때로는 사람을 만난다. 여행 중 얻게 된 모든 만남이 소중한 기억으로 남지만, 사람과의 만남만큼 점도가 높은 것은 없다. 그날은 사람을 만난 날이었다. 아오라키 트레킹 후 모두가 기진해져 푹신한 침대에 눕고 싶은 마음뿐, 더는 하고 싶은 것도 보고 싶은 것도 없던 날이었는데 우리는 그날 사람을 만났다.

"설마 주소가 잘못된 건 아니겠죠?"

운전하던 스텔라가 긴장한 듯 말했다. 차 한 대 보이지 않는 시골길로 들어서고 한참이 지났다. 내비게이션은 연이어 동그라미를 그리며 헤매고 조수석에 앉은 박팀장이 간간이 내비게이션을 툭툭 쳐 봤지만, 소용이 없었다. 시골을 잃어버리고 평생 도시인으로 사는 사람들은 표지판 없이 풀밭 언덕만 이어진 초행길에서 그저 불안했다. 주소를 지나온 것 같아 숙소에 전화라도 해 볼 요량으로 차를 세웠을 때 아무렇게나 꽂혀 있는 낮은 팻말이 눈에 들어왔다.

'아오라키 컨트리 코티지 Aoraki Country Cottage'

우리가 팜스테이 Farm Stay 를 하려는 곳이다. 제대로 온 것 같긴 한데 뭔가 엉성했다. 오랫동안 버려진 듯 무성한 풀에 입구조차 보이지 않고 어수선했다. 그대로 서서 갈팡질팡하던 순간 갑자기 제이의 목소리가 높이 날았다.

"저기 좀 보세요!"
"어머 저거 소 아니에요?"
"아니, 무슨 소가 말처럼 뛰어요!"

과연 소의 질주였다. 소는 몇 발짝을 뛰고 잠시 멈췄다가 다시 뛰는 어색한 동작으로 달리고 있었다. 기이한 모습으로 뛰는 소가 언덕을 넘어갔다.
'뿌아아아앙~'

∧ 펜스를 넘어 탈출한 소를 찾으러 가는 데이브.

이건 또 뭔지. 요란한 소리와 함께 흙먼지를 날리며 4륜 오토바이가 달려왔다. 빨간 헬멧을 쓴 남자는 우리 앞에 오토바이를 세우더니 다급하게 물었다.

"하이~ 오셨군요. 반가워요. 그런데 소 못 보셨나요?"
"그 달리던 소요?"
"네. 달리는 소요. 어느 쪽으로 갔나요?"
"조금 아까 저쪽으로 가던데요."
"고마워요. 자꾸만 펜스를 넘어서 도망가는 놈인데 또 탈출했어요."

어안이 벙벙한 우리에게 그는 기다리라고 하고는 뿌연 흙먼지를 내며 사라졌다. 탈출한 소를 잡아야 한다며 쫓아간 남자는 우리가 머물 농장의 주인, 데이브이다. 자유를 찾아 펜스를 넘는 소의 필사적인 질주와 머리에 비해 너무 작은 헬멧을 쓴 남자 덕분에 고단했던 우리에게서 웃음이 터져 나왔다.

"헬멧 봤어? 꼭 족두리처럼 머리에 얹고 있었어."

그의 등장은 처음부터 유쾌했다.

자유를 갈구하는 소, 사색을 즐기는 고양이, 사람 좋은 주인이 함께 사는 아오라키 컨트리 코티지

주문을 외워,
언젠가 영화는 현실이 될 거야

∧ RESET KEYWORD

마법 주문

'영화 속 하루 같은 날이란?'

영화 주인공이 된 것 같은 날이라는 말을 들었을 때 사람들이 떠올리는 장면은 모두 다르겠지만, 데이브의 농장에서 보낸 날이 내게는 그런 날이었다. 『아웃 오브 아프리카』, 『비포 미드 나잇』, 『잉글리시 페이션트』, 『전망 좋은 방』 그 외에도 많은 영화가 나를 스크린 속으로 설어 들어가고 싶게 만들었다. 주인공의 로맨스 때문이 아니라(물론 『아웃 오브 아프리카』에서 데니스가 카렌의 머리를 감겨 주는 장면이라든지 모차르트의 클라리넷 협주곡이 울려 퍼지는 하늘 위에서 손을 잡는 장면을 거부하겠다는 뜻은 아니다.) 나로 하여금 '저 풍경에 있고 싶어'라고 되뇌게 한 장면은 '야외정원에서의 피크닉'이다. 영화 속 주인공이 되어 평생 기다린 연인과 재회한다거나 운명적 사랑에 목숨을 건다거나 세상 최고의 행운을 거머쥐는 장면을 떠올린 사람에게는 너무 시시하게 들리겠지만, 내게 '영화 속 하루 같은 날'에는 야외정원, 호숫가 풀밭과 세팅된 테이블이 있는 낭만적인 식사 장면이 반드시 들어간다. 빼놓을 수 없는 장치는 언제나 모닥불이었고!

데이브의 코티지에는 눈이 닿을 수 있는 곳까지 낮은 초원 구릉이 펼쳐져 있었다. 언덕에는 낮게 누운 풀이 햇살을 받아 황금색으로 빛났다. 해가 지는 모습을 하염없이 바라볼 수 있는 나무에는 그네가 매달려 있었다. "저기 가서 앉아 봐. 내가 우리집에서 제일 좋아하는 곳이야." 데이브는 그네를 가리키며 '생각 그네'라고 했다.

뒤뜰에서 친구들은 배드민턴을 치고 나는 손님맞이에 능숙한 고양이 빌리를 따라 산책하다가 깨달았다.

'이럴 수가! 내가 꿈꾸던 장면이잖아.'

친구의 농장에 초대받은 주인공이 되어 걸어 들어가고 싶었던 바로 그 영화 속 한 장면에 내가 있었다.

석양이 가장 예쁠 때를 골라 호숫가 피크닉 테이블에 음식을 차리고 모닥불을 피웠다. 시원한 바람을 맞으며 친구들과 함께하는 낭만적인 저녁. 우리는 모닥불에 둘러앉았다.

"10년 후에 어떤 사람이 되고 싶어?"
"소원을 하나만 들어준다면 뭐라고 할래?"

평소엔 하기 힘든 얘기가 술술 나온 건 모닥불과 와인 덕이었을까? 나무를 태운 그을음을 온몸으로 뒤집어 쓰면서 우리는 어른이 된 후에는 아무도 물어 주지 않았던 질문을 건넸다. 수건돌리기를 하듯 물음과 대답을 돌려 받으며 달빛 환한 호수에서 카약을 탔다. 이거야말로 '언젠가 영화는 현실이 될 거야'라고 되뇌었던 주문에 대한 보답이었다. 그냥 쉬고만 싶던, 아무 기대도 없던 날 느닷없이 선사받은 꿈같은 시간. 하여튼 주문은 잘 외우고 볼 일이다.

아침에 데이브는 서운한 표정이다. 우리의 출발 시간이 그의 짐작보다 많이 빨랐던 게다. 현실 속에서 우리는 그의 친구가 아니라 분주한 여행자였으므로 '이별'이 아니라 '퇴실'을 준비하고 있었다. 그런 우리는 그의 서운한 낯빛에 적잖이 당황스러웠다. "잠깐만, 잠깐 기다려." 데이브는 서두르는 우리를 세워 놓고 헐레벌떡 뛰어갔다. 가쁜 숨을 몰아쉬며 돌아와 그가 내민 손바닥에는 나뭇잎이 몇 개 있었다.

"씹으면 멀미를 없애주는 나뭇잎이야. 운전하기 먼 길인데 조심해서 가."

그리고는 수줍은 얼굴로 덧붙였다.

"너희에게 정말 멋진 시간을 만들어주고 싶었는데…. 이렇게 빨리 가야 하는 줄 몰랐어."

순간 왈칵 부끄러웠다. 우리가 받은 것들은 숙박료를 지불하는 것으로는 결코 얻을 수 없는 것이었다. 진정한 선의를 기껏해야 '가격에 비해 좋은 서비스' 정도로 받아 챙겼다니. 내 안에서 무언가 화끈거렸다.

키우는 토끼를 친구라면서 우리에게 소개해 주던 데이브. 땀을 뻘뻘 흘리며 모닥불을 피우고 달빛 호수에서는 꼭 카약을 타야 한다며 몇 번씩 언덕을 오르내려 장비를 날라 온 사람. 아이스크림 후식에 기뻐하는 우리를 보며 어린아이처럼 뿌듯해 하던 시골 아저씨. 어딘지 어설프고 엉성했던 그가 마지막으로 나뭇잎을 건네줄 때 내 안의 전등 하나에 반짝하며 불이 켜졌다. 사람.

매일 매일을 영화처럼 지낼 수는 없지만 우리는 살다가 영화 같은 하루를 만난다. 그 하루로 우리는 지난하고 무거운 수많은 날을 지탱할 것이다. 그리고 그렇게 영화 같은, 영화보다 짜릿한 날을 만들어주는 것은 언제나 사람이다.
여행 중에 사람을 만났다. 진정한 선의란 유창하기보다 어눌한 것이란 사실을 알려준 데이브, 아오라키 컨트리 코티지에는 좋은 사람이 산다.

∧ 해가 저물고 달빛으로 환한 밤이 될 때를 기다리는 카누 보트.

> **Memo**
>
> **아오라키 컨트리 코티지** www.aorakicottage.co.nz
> 이름에 아오라키가 붙어 있지만 마운트 쿡으로부터 꽤나 떨어진 곳에 위치한다는 점을 참고할 것. 쿡산에 오르는 날 숙소로는 적합하지 않다. 설악산을 한참 벗어난 곳에 설악민박이 있다고 생각해 보면 이해가 될 듯. 그러나 코티지를 운영하는 데이브를 만나기 위해서라도 하룻밤 숙박을 추천한다.

∧ 모닥불, 샴페인, 친구들, 끝없는 이야기. 영화 같은 하룻밤.

샴페인 대신 얼차려,
미세스 크롬웰

︿ RESET KEYWORD
품위

'아직 뉴질랜드에 있구나!'

슬슬 돌아가고 싶을 때도 되었건만 아침에 눈을 뜨면 이런 안도감이 밀려왔다. 끝나가는 여정이 아쉬웠다. '죽기 전에 가야 할'이라는 수식어가 붙은 길 밀포드, 루트번, 마운트 쿡을 모두 걸었고 '세상에서 가장 ㅇㅇ' 리스트에 있는 호수와 마을을 다녔으니 죽을 준비도 일추 마친 셈이건만 어쩌자고 돌아갈 마음은 생기질 않는지!

그래서였을까? 밀포드 사운드를 떠나지 않으려는 사람들을 쫓아 보내려고 모래를 뿌려 샌드플라이를 만들었다던 뉴질랜드의 마오리 신이 우리에게 인간 샌드플라이를 보냈다.

어쩌 좋아도 너무 좋다 싶었다. 시작부터 이래도 될까 싶을 만큼 운이 좋았으니까. 조상 3대의 은덕이 있어야 가능하다는 밀포드 예약에, 날씨 부적이 있어도 어림없다는 곳에서 연일 이어진 쾌청 화창 날씨까지…. 모두가 로또 맞을 가능성이라고 했다. 우연히 예약한 식당이 이를테면 평생 단 한 번 확률의 맛집이라든지 딱 하나 비어 있던 숙소가 퀸스타운 최고였다든지 말이다. 심지어 판단 착오로 예약한 농장에서는 꿈꾸던 영화 속 하루를 보냈으니 어딘가 행운총량 균등의 법칙에 심히 어긋나는 행운의 쓰나미였다. 미세스 샌드플라이(실제 이름은 아니지만, 우리가 묶었던 크롬웰 B&B 주인을 이렇게 부른다.)를 만나기 전까지는 그랬다.

"스톱! 흙 묻은 운동화는 안 돼."

현관 출입이 아니라 정원 얘기다. 덩굴장미와 잘 가꾼 잔디, 도자기 인형 마을로 꾸며 놓은 듯 예쁜 마당이라고 생각하며 들어선 순간이었다. 아니 그럼 마당을 맨발로 다니라는 말인가? 왜 이런 분들은 동서고금을 막론하고 사감 선생 안경을 쓰는 걸까?(드레스코드를 정하듯 안경코드를 맞추는지도 모를 일이다.) 미세스 크롬웰은 코끝에 안경을 걸치고 고개를 숙인 채 치뜬 눈으로 우리의 일거수일투족을 감시하기 시작했다. 믿어지지 않는 상황. 연이은 행운과 기쁨으로 두둥실 떠다니던 우리가 벼락을 맞은 것이다. 푸루룩 바람 빠진 풍선처럼 추락했다.

말 그대로 파리도 미끄러질 것처럼 반들반들 깨끗한 대리석 바닥. 창틀과 계단에 가득 놓여 있는 미니어처 도자기 인형에 먼지 하나가 없다. 섬세하게 계산된 각도로 놓여 있는 인형 중에는 오케스트라, 축제를 벌이는 사람들, 벽을 오르내리는 산타클로스도 있었다.

"집에 있는 물건이 흐트러지지 않도록 해 줘. 밖에서 먹을 것을 가지고 들어오면 안 돼. 절대로. 방에서는 아무것도 먹을 수 없어. 나는 일찍 자야 하니까 밤 9시까지 들어와 주면 좋겠어."

주인 할머니(할망구라고 말하고 싶지만 참는 것임을 알아주시라)가 속사포처럼 쏟아낸 원칙이었다. 대리석 바닥이건 말건, 잘 꾸민 침실에 향초를 피운 욕실이 다 무슨 소용이란 말인가. 이건 악몽이다.

한 해의 마지막 밤을 기념하려고 샴페인을 준비했었다. 세상에서 제일 먼저 해가 뜨고 새 날이 오는 뉴질랜드에서 밤샘으로 새해를 맞이하고 축복하는 여행 마무리를 상상했단 말이다. 오랜 계획이 뒤틀려 버렸다. 편집증에 결벽증까지 있는 할머니의 집안 장식이나 감상하자고 숙박료를 낸 것이 아니었다고! 하지만 별 도리가 없었다. 빈 숙소를 찾는 일이 밤새 호텔 하나를 짓는 것 만큼이나 힘든 12월 31일이었으므로. 제이의 말처럼 차라리 공원에서 밤을 보낼까도 생각했지만 결국 소심한 방문객으로 차

분한 송년의 밤을 보내기로 했다.

우린 일찍 저녁을 먹은 후 들어와 발꿈치를 들고 사뿐히 다녔고, 입을 가리고 소리를 죽여 소곤소곤 'Happy New Year' 인사를 나눴다. 샴페인 터지는 여행의 피날레는커녕 단체 얼차려를 받은 셈이다.

샴페인은 어떻게 했느냐고? 다음 날 아침식사 때 우리는 할망구님께 샴페인 잔을 달라고 요구했다. 미세스 샌드플라이는 노골적으로 불쾌한 표정을 짓고 고개를 절레절레 흔들며 우리가 포기하길 기다렸지만 그럴 필요가 없었다. 인간 샌드플라이의 횡포로 김이 빠져 억울하던 차였는데 불행인지 다행인지 스텔라가 빵에 곰팡이 핀 것을 발견한 것이다. 사금을 찾았다 해도 그보다 반갑진 않았을 것이다.

"이건 뭐죠? 곰팡이 핀 빵을 내놓다니요?"
"아 그럴 리가 없는데…. 곰팡이일 리가 없어."
"곰팡이가 아니면 이게 뭔가요? 됐어요. 그냥 샴페인 잔이나 주세요, 빨리."

이번엔 설상가상으로 제이가 유리잔에 더러움이 묻은 것까지 지적했다.

"청결에 몹시 신경 쓰시는 줄 알았는데 실망이네요…."
한 마디 쐐기를 박았으니 피곤했던 기 싸움은 우리의 승리로 마감되었다. 빵과 유리잔을 바꿔주면서 히스테리를 일으킬까 걱정스러울 만큼 거듭된 변명 끝에 자책하는 모습이라니. 측은하기까지 했다. 누구나 자랑삼는 것에 약점이 있는 법이다. '예쁘게 가꾼 집'을 위해 자존심을 걸고 애쓰는지 모르지만 불행하게도 미세스 샌드플라이 크롬웰의 B&B는 청결도 만점의 감옥이라고 해야 어울린다. 소유한 것으로 품위를 결정하는 사람도 한심하지만(명품을 두른다고 명품인간이 되던가?) 하물며 누리지도 못할 소유물의 집사노릇이나 하면서 품위와 고상한 체라니. 숭숭 뚫리고 구겨진 바지를 입고 검정재를 날리며 모닥불을 피워 주던 '품위 있는' 데이브가 그리웠다. 집의 조건은 건물이 아니고 사는 사람이다. 좋은 집의 필수조건은? 당연히 좋은 사람이다.

∧ 원주민 마오리 정신과 전통을 상징하는 조각상. 마오리족은 정복당하지도, 영토를 팔아넘기지도 않았다. 마오리족에게 땅이란 매매의 대상이 될 수 없는 영적기반이다.

여행을
끝낸다는 것

∧ RESET KEYWORD

용기

　　뉴질랜드의 옛 금광마을 애로우타운 Arrowtown 으로 가면서 불쾌하고 성 났던 마음이 가라앉았다. 지나는 사람이라면 모두가 들린다는 천상의 과 일가게 덕분이었다. 달콤한 체리, 즉석에서 과일을 갈아 넣은 아이스크림 을 먹으며 크롬웰을 돌아보기도 싫게 만든 할머니를 용서했다. 우리가 나 오면서 섬세하게 인형 위치를 뒤섞어 주는 소심한 복수를 한 것도 일조했 지만 달콤한 아이스크림이란 원래 세상 대부분의 문제를 해결해 수기 마 련이니까.

　　골드러시에 뉴질랜드에서 가장 부유한 마을이었던 애로우타운은 개척

시대 모습을 그대로 간직하고 있다. 복숭아 파이는 세상에서 제일 맛있다고들 한다. 애로우타운 복숭아 파이를 먹고 사금을 캐던 강가와 예쁜 동네를 산책하는 일이 우리 여행의 마지막 일정이다.

"이제 그만 돌아가고 싶지 않아?"
"글쎄…. 넌 그래?"
"아니. 난 조금 아쉽네. 넌?"
"전 아쉽다기보다 좀 겁이 나요."
"……"

여행을 끝낸다는 것은 일상에서 수없이 많은 미세스 샌드플라이 크롬웰을 만나기로 각오하는 것을 의미한다. 눈치껏 휴가를 얻는 것보다 반복되는 일상으로 담담하게 돌아가는 것에 더 큰 용기가 필요하다. 번지점프대에 서는 것보다 뭉뚝하게 다가오는 의무감과 맞서는 것이 더 두려운 일이다. 트랙을 걷기 위해 산을 오르내리며 발톱이 빠지는 것보다 출퇴근하는 무표정과 마주치는 것이 더 아플지도 모른다. 익숙하지 않은 일상에서 샌드플라이에 기겁을 했던 시간보다 어쩌면 우리는 너무 익숙해서 놀랄 일이 없을 그때로 다시 돌아가게 될까 봐 겁이 났다.

애로우타운에서 공항으로 가는 길, 원정대는 아무 말 없이 그냥 마주 보며 웃었다. 각오는 단단해도 견디기 힘들 때가 올 것이다. 그때 눈을 감고 광대한 풍경을 떠올리기로 했다. 곁에서 쿵쿵 심장이 뛰는 소리를 내던 별을 잊지 않을 것이다. 우연히 눈 마주친 알파인 꽃 한 송이를, 달콤한 체리맛 아이스크림을, 짐을 나눠 들고 발톱이 빠지는 고통을 함께한 친구들을 그리고 순박한 데이브를 기억할 수 있으면 된다.

환희로 가득했던 마음 풍선이 터지고 나니 비로소 집으로 되가져 갈 것들이 간소하게 추려졌다. 미세스 크롬웰을 용서하고 그녀를 축복하며 한국으로 돌아가는 비행기를 탔다. 여행은 끝난 자리에서 새롭게 이어지고 있었다.

∧ 숲으로 향했던 첫 날. 글레이드 하우스를 지나 클린톤 강 구름다리 위에 선 반지원정대.

epilogue

_리셋_리스타트

사람도 리셋Reset이 될까? 제자리를 찾고 싶다며 시작한 여행을 마치고 우리는 각자 나름의 열쇠를 찾은 듯합니다. 리셋 반지원정대. 뉴질랜드 남섬 트레킹을 함께한 즐산 친구들과의 인터뷰로 여행 뒷이야기를 전합니다.

▶▶▶ **브리아나 B**
걸으면서 가장 많이 생각한 것이라면 한계였어요. 생각, 인지, 그리고 상상력의 한계. 교양수업으로 설렁설렁 들었던 철학 강의 중에 관념의 탄생에 관한 강의가 떠오르더라고요. 사람은 빈 종이처럼 태어나서 경험과

지식습득을 통해 그 자리를 채워가는가 아니면 모든 생각이나 개념을 다 가지고 태어나서 경험이 프라이밍priming을 통해 그것을 불러내는가 하는 양립되는 의견에 관한 내용이었는데요. 결국 두 가지 경우 모두 경험이 없으면 소용이 없다는 거잖아요? 보지도, 듣지도 못한 것을 꿈꾸고 만든다는 것의 한계를 떠올렸어요. 나 자신의 확장을 위해서 경험을 확장해야겠다는 생각으로 걸었던 것 같아요.

솔직히 지난 트레킹은 많은 순간 굉장히 고통스럽고 힘들고 피곤했어요. 고생을 사서 하는 듯한. 하지만 순간순간 느꼈던 쾌감과 스릴을 생각하면 그 대가는 넘칠 만큼 충분했죠. 그런 의미에서 지난 여행은 아주 잘 만든 공포영화 같아요. 공포영화를 싫어하는 사람은 공감할 수 없을지 모르고 저 역시 그렇게 피학적이지는 않지만, 한순간도 놓칠 수 없는 시간이었다는 의미로요.

근황 브리아나는 대학원을 가겠다는 생각을 바꿔 S모 그룹사에 취업했다. 정면 돌파한 셈이다.

▶▶▶ **스텔라 S**

무한의 이불킥도 모자란 10대에는 남을 미워하기 바빴고, 20대에는 뭐든 다 비교하는 패배의식에 젖어 나 자신을 미워하기 바빴어요. 30대가 되고 그 시절의 저와 이별해야 한다는 걸 알게 되고 그 밸런스를 찾는 중에 산을 만난 셈이죠. 무슨 거창한 경지에 오른 척하려는 건 아녜요.

저는 실패에 대한 방어 기질이 드세고, 맡은 일에 대한 타인의 만족도가 제 정신건강에 지대한 영향을 미치는지라 사실 남섬 트레킹 사진 미끼에 즐산이 덜컥 뉴질랜드 원정대를 꾸렸을 때 걱정이 많았어요. 다박 산행을 기껏 너덧 번 가봤을 뿐이고 늘 혼자 다녀서 제 몸 하나 건사하면 됐거든요. 예외적 상황에 노심초사하는 제가 왜 이런 일을 벌였든가 하는 후회도 밀려왔죠. 하지만 이번 원정은 여행에 실패라는 단어는 어울리지 않는다는 것을 알려줬어요. 우리 산행 중 예외적인 모든 상황은 실패보다는 '다른 기회' 라는 표현이 적합했으니까요. 한 발짝마다 후회, 욕, 탄성이 다 섞여 나오는 산행을 공감하고 그리워할 수 있는 여섯 명을 얻었음이 행복합니다. 또 한 번 다른 원정을 위해 더 많은 낚시사진을 준비하고 있어요.

근황 스텔라는 오래된 친구와 결혼에 성공했다. 깨가 쏟아지는 신혼생활 중이고 즐산에 뉴질랜드 부지부장이 생겼다.

▶▶▶ **박팀장 P**

붙잡고 싶지만 이미 과거이고, 기억에 묶어 놓고 싶지만, 그마저도 희미해져 가는 지난 12월의 여름을 또 다른 여름 한가운데서 되돌아보네요. 도착과 동시에 오염된 두 짝의 폐를 단숨에 정화할 것만 같던 뉴질랜드의 대자연에서 돌아와 매연 가득한 서울 하늘의 현실에 있고요. 떠나기 전처럼 다시 욕망과 갈등 속에서 피상의 행복을 좇고 있는 제 모습을 보면, 브라운 박사의 타임머신 카를 타고 지난 여름의 남반구로 도피하고 싶은 마음 간절해요. 거기에는 생각지 못했던 행복이 있었고 여행 중 만난 데이브와 같은 좋은 사람이 있었고 또 무엇보다 함께 했던 좋은 사람들, 즐산이 있었지요. 갑자기 '우리 뉴질랜드 트레킹 가자' 고 결정했던 그 날에 정말 감사할 뿐입니다.

전 20년 차 직장생활 동안 이런 장기휴가는 처음이었죠. 부끄러운 일인가요? 어떤 이에게는 우습게 들릴지 모르지만 국내 회사의 평범한 월급쟁이인 제게 휴가란 항상 여름에 가족과 함께 다녀오는 3박4일짜리였어요. 대학 졸업반 때 절친들이 함께하는 유럽 배낭여행도 부모님 생각에 포기하고 말았죠. 돌이켜 보니 진짜 소심의 극치네요. 하지만 이제는 아니에요. 살면서 무언가를 해서 후회하는 것보다 하지 않았음을 후회하는 게 더 많다잖아요? 벌써 다음 여행을 기다립니다.

근황 박팀장은 새로운 회사에 다닌다. 승진의 기미도 보이고. 다만 솔로탈출은 아직이다.

▶▶▶ **허교수 H**
이번 여행은 짐 싸기부터 달랐어요. 밀포드에서 나흘과 루트번에서 이틀 동안 제가 입고 먹을 것을 챙겼죠. 무게와 부피를 줄이기 위해 모진 애를 쓰며 배낭에 넣고 빼기를 반복했습니다. 초코바, 캐러멜, 견과류 모두 포장을 뜯고 지퍼백에 담아 무게와 부피를 줄였어요. 거금을 주고 사들인 홍삼 절편과 한우 육포를 뉴질랜드 세관에서 압수당한 비극도 바로 이 짐 줄이기 작전에서 비롯된 거예요. 적어도 엿새를 견딜 수 있는 최소한의 물품을 챙기고 어깨에 메보기를 반복하며 빼도 될 것을 찾았지요. 내 짐의 무게를 내 몸으로 직접 감당해야 하는 경험은 소중했어요. 12킬로그램이 넘는 배낭에 고통스러웠던 밀포드 숲 속에서 필요 이상으로 챙긴 짐의 품목을 떠올리며 후회했던 것이 떠올라요. 나를 지탱해 주기 위한 짐을 오롯이 책임져야 했던 경험은 밀포드 루트번이 선사한 압도적인 풍광만큼 소중하게 나를 일깨워 줬어요.

근황 허교수는 교과서를 집필했고, 아들을 군대에 보냈고, 안식년 후유증을 극복했다.

▶▶▶ 절대간사 J

비가 많이 내린다는 정보와 죽기 전에 가 볼 여행지라는 기사만 보고 뉴질랜드 남섬으로 떠났어요. 장기 원정을 핑계 삼아 대책 없이 사직서를 던졌고, 보름 동안 자유방임 이기주의를 만끽했네요. 숨 쉬는 공기의 질에도 차이가 있고 나무정령을 눈 앞에서 목도할 수 있었습니다. 봉숭아학당 급우들과 함께 나눈 감성과 감동여행. 반평생 살아오며 오장육부에 쌓아 놓은 비생산적인 생각을 걸음걸음 발바닥 밑으로 쏟아낸 것도 저만의 작은 성과였어요. 사진을 찍기보다 카메라 뒤에서 프레임 밖을 느끼는 여유를 가지다니. 그 호기는 원정이 나에게 준 선물이었던 것 같아요. 또다시 리셋이 필요한 만큼 시간이 지났네요. 그래도 아직 기억은 생생해요.

근황 즐산의 간사는 재취업 이직했다. 일간지와 포탈에 의미 있는 연재를 마쳤고 강의도 한다. 리셋의 좋은 예.

▶▶▶ 캡틴 C

모든 걸 잊어버리고 즐기다 올 수 있는 여행은 희망사항일 뿐이에요. 돌아온 후 그곳 그 시간 참 좋았다고 가끔 생각난다면 행복한 여행이었을 겁니다. 뉴질랜드 남섬 트레킹에 다녀온 지 벌써 반 년이 넘었지만, 기억은 처음 공항에 내릴 때 밝은 공기, 맑은 햇살만큼 생생하네요. 계곡 양쪽 절벽을 소리 없이 흘러내리는 폭포, 청옥색 빙하호수, 앞서가는 브리아나의 귀여운 등산화 뒤꿈치, 길 옆 풀밭 양 떼는 한결 같이 주둥이를 땅에 붙이고 있고…. 퀸스타운 호숫가 갈매기 눈은 유화로 그린 듯했어요. 가방은 커야 하지만 짐은 많을 필요 없다는 인생살이 교훈도 새삼 되새기는 여행이었습니다.

근황 '나무를 벤다. 도를 깨우친다. 도를 깨우친 후 나무를 벤다.' 캡틴은 리셋이란 내부에서 일어나는 것임을 보여준다.

'가장 훌륭한 시는 아직 쓰이지 않았다. 가장 아름다운 노래는 아직 불리지 않았다. 최고의 날들은 아직 살지 않은 날들. 가장 넓은 바다는 아직 항해되지 않았고 가장 먼 여행은 아직 끝나지 않았다. 불멸의 춤은 아직 추어지지 않았으며 가장 빛나는 별은 아직 발견되지 않은 별. 무엇을 해야 할지 더 이상 알 수 없을 때, 그 때 비로소 진정한 무엇인가를 할 수 있다. 어느 길로 가야 할지 더 이상 알 수 없을 때 그때가 비로소 진정한 여행의 시작이다'

_ 나짐 히크메트

숲에서 다시 시작하다

2016년 4월 10일 초판 1쇄 펴냄

지은이	박재희
발행인	김산환
책임편집	윤소영
디자인	이아란
영업 마케팅	정용범
펴낸곳	꿈의지도
인쇄	다라니
출력	태산아이
종이	월드페이퍼
주소	경기도 파주시 광인사길 217, 3층
전화	070-7535-9416
팩스	031-955-1530
홈페이지	www.dreammap.co.kr
출판등록	2009년 10월 12일 제82호

ISBN 979-11-86581-68-1 (13980)

지은이와 꿈의지도 허락 없이는 어떠한 형태로도 이 책의 전부, 또는 일부를 이용할 수 없습니다.
※ 잘못된 책은 바꾸어 드립니다.